ESSAI

SUR

L'ESPRIT DES LOIS FRANÇAISES

RELATIVES A L'ADOPTION

DES ENFANS NATURELS.

IMPRIMERIE PORTHMANN,

RUE SAINTE-ANNE, N°. 43.

ESSAI

SUR

L'ESPRIT DES LOIS FRANÇAISES

RELATIVES A L'ADOPTION

DES

ENFANS NATURELS.

PAR M. MOUREAU (de Vaucluse),

AVOCAT.

A PARIS,

CHEZ { DELAUNAY, Libraire, au Palais-Royal;
ROYOLE, rue Saint-Jacques, n°. 159.

1817.

ESSAI

SUR

L'ESPRIT DES LOIS FRANÇAISES

RELATIVES A L'ADOPTION

DES ENFANS NATURELS.

~~~~~~~~~~~~~~~

L'ADOPTION n'avait point lieu en France avant la révolution ; seulement on y avait la faculté de transmettre son bien, soit à un parent, soit à un étranger à sa famille, à condition que le donataire ou le légataire institué porterait le nom du donateur.

Le 18 janvier 1792, l'Assemblée nationale, connue dans nos annales sous la dénomination de *Législative*, déclara que l'adoption serait comprise dans les lois civiles.

Des actes législatifs vinrent à l'appui de cette déclaration ; nulle loi particulière n'intervint

A

pour en régulariser la forme, pour en déterminer les conditions qui, dans ce cas, auraient fixé la capacité.

Il n'est pas de mon sujet d'entrer dans l'historique de ce qu'était l'adoption chez les Romains, qui l'avaient empruntée de la Grèce ; on le trouvera dans bien des livres, et particulièrement dans le quatrième volume des *Pandectes*. Il suffira de dire que nous n'avons pris de cette institution antique à peu près que le nom ; ce n'est pas en cela seulement que nous avons exhumé le mot, pour nous borner ensuite à effleurer la chose.

Notre caractère national n'attendit pas les lois organiques de cette institution pour en faire usage ; la Convention nationale donna elle-même l'exemple de la précipitation, quand, avant d'en avoir réglé le mode et déterminé les effets, elle adopta la fille de l'un de ses membres.

Le peuple imita ses représentans. On adopta. Dans le vague de l'opinion, on savait que par l'adoption, on pouvait rendre *sien* l'enfant qui ne l'était pas, si celui-ci consentait à le devenir. De cette autorisation à s'approprier l'enfant d'autrui, pour lui transmettre sa fortune et son nom, on tirait la conséquence qu'il devait être bien plus facile, qu'il était bien plus juste, bien plus naturel, *de réparer* par une adoption *le vice de la naissance de son propre enfant.* Aussi, sur cent adoptions, quatre-vingt-dix-neuf eurent-elles lieu en faveur des enfans *nés hors du mariage.*

Et comment les citoyens auraient-ils pu croire ne pas avoir ce droit, quand on publiait à la tribune, *qu'il fallait bannir la bâtardise d'une législation conforme à la nature* (1)?

Allait-on, à cette époque, remarquer que la nature, dans presque toutes les espèces, veut l'union du mâle et de la femelle pour veiller de concert à la conservation du fruit de leurs amours? Que dans plusieurs d'entr'elles, le mâle et la femelle, ainsi accouplés une première fois, ne se séparent plus, et que sous ce rapport, l'institution du mariage dans notre état social, pourrait bien avoir pris sa source dans la nature?

Quoi qu'il en soit, usant de la faculté de l'adoption, parce qu'elle était permise, on déclarait devant le premier officier public qui se pré-
't, qu'on adoptait *un tel* pour son enfant,
qu'il fût l'enfant d'un autre, soit que ce fût son propre enfant, *né hors de mariage.* Le lé-

_____

(1) *Moniteur* du 22 août 1793.

gislateur se servait alors de cette périphrase, pour exprimer le mot *féodal bâtard.*

Pendant onze ans, les choses allèrent en cet état.

Le Chef du Gouvernement qui succéda à celui du Directoire, avide, cette fois, de la gloire réelle, voulut donner à la France ce Code civil qui lui avait été si souvent annoncé; et par la tenacité de son caractère, il vint à bout d'élever ce monument, qui, malgré quelques défauts, répond aux besoins, aux lumières et presqu'à la majesté de notre Nation.

Le législateur maintint l'adoption, régla la forme *et les conditions de capacité,* si je puis me servir de cette locution, *pour l'avenir,* et par une loi transitoire, il prononça sur toutes les adoptions antérieures.

Une question de droit qui m'a été soumise relativement à une adoption qui eut lieu le 4 prairial an 4, m'a mis dans la nécessité de sonder, jusques dans ses derniers replis, l'intention du législateur qui rendit la loi transitoire du 25 germinal de l'an 11, sur les adoptions, et dans le cas d'examiner ensuite s'il est vrai que sous la législation du Code, il ne soit pas permis d'adopter son enfant naturel.

Je m'étais proposé d'abord de ne faire qu'un

simple mémoire en faveur des consultans; dans
ce cas, je n'aurais eu à examiner cette question
que sous son rapport avec la législation intermédiaire; mais il m'a paru qu'il était de l'intérêt public d'agrandir cette discussion. Alors
le développement du véritable sens de la loi
transitoire du 25 germinal de l'an 11, spéciale
aux adoptions antérieures au Code, deviendra
la défense principale de ceux qui m'ont con-
sulté; et leur défense, à son tour, servira à
faire connaître les cas où cette loi est nécessairement applicable.

De l'hypothèse que cette cause présente, de
l'application qu'on a voulu faire à cette espèce,
de divers articles du Code civil relatifs à la reconnaissance de l'enfant naturel, nous passe-
rons à l'examen de l'esprit et de la lettre de la
loi, relativement à la validité des adoptions des
enfans naturels sous l'empire du Code, et
contre l'avis de M. le procureur-général près
la Cour de cassation, nous établirons qu'il est
permis d'adopter son enfant naturel.

Nous ne nous livrerons à cette discussion que
pour tenter d'empêcher qu'on n'obscurcisse ce
qui est clair, et que des jurisconsultes ne par-
viennent à faire régner leurs opinions particulières, à la place de la loi.

Il me faut donc nécessairement faire connaître les faits de l'espèce auxquels s'appliquent les principes de droit, dont il m'a paru qu'on s'était écarté depuis peu dans le jugement de deux causes analogues. Cette marche, au reste, ne sera pas nouvelle ; elle nous est tracée par beaucoup d'anciens avocats, qui nous laissèrent des traités sur diverses parties de la législation de leur siècle.

M. François Boschet, ancien commissaire des guerres, épousa le 28 février 1775 la demoiselle *Jeanne Boyer*. Elle le quitta six mois après son mariage, pour aller vivre publiquement avec le sieur ....., lequel, d'après la commune renommée, avait été son amant.

Le 1er. juillet 1781, il intervint dans ce ménage mal assorti une séparation volontaire, sous la foi d'un traité, par lequel le sieur *Boschet* s'obligea de supporter à son épouse une pension viagère de 1,000 francs.

En 1784, il y eut entr'eux *instance en séparation de corps et de biens* ; elle fut suivie le 25 décembre, même année, d'une transaction sous seing-privé, par laquelle le mari et l'épouse convinrent d'une séparation volontaire pour l'espace de douze ans. Cet acte, enregistré à Arles, le 9 prairial an 4, fut annexé, le

14 thermidor suivant, aux écritures de M^e. *Richaud*, notaire de cette ville.

La demoiselle *Boyer*, femme séparée de corps du sieur *Boschet*, suivit en émigration l'individu avec lequel elle vivait ; elle quitta la France au commencement de la révolution.

Le mari demanda le divorce, et le 28 floréal an 4, il fit prononcer la dissolution de son mariage par l'officier de l'état civil de la ville d'Arles.

Il n'était point né d'enfant d'une union aussi-tôt rompue que formée.

Le sieur *Boschet*, abandonné par son épouse, s'était attaché à la demoiselle *Marie Fenon* ; il l'épousa le 4 prairial de la même année.

Devant l'officier de l'état civil, dans leur acte de mariage, ils déclarèrent « reconnaître pour » leurs enfans légitimes et naturels, 1°. Jean-» François-Richard, né d'eux, le 2 novembre » 1791, et porté le 6 du même mois sur les re-» gistres des actes de naissance de la ci-devant » paroisse Saint-Bonaventure de la commune » de Beaucaire ; 2°. Jean-Frédéric, né aussi » d'eux, le 1er. brumaire de l'an 4 républicain, » et porté le 5 du même mois sur les registres » des actes de naissance de cette commune » d'Arles ; lesdits François Boschet et Marie » Fenon, conjoints, adoptant en tant que de

» besoin leurs dits enfans, pour par eux jouir
» de tous les droits attachés aux enfans légi-
» times et naturels. »

Plus bas, il est dit dans cet acte :

« Et avant de signer, lesdits François Boschet
» et Marie Fenon ont déclaré que lesdits Jean-
» François-Richard et Jean-Frédéric étaient nés
» de leur union, depuis le mois de mars 1780,
» époque de la séparation volontaire qui eut
» lieu entre lui citoyen François Boschet et la
» dame Jeanne Boyer. »

Ainsi, d'après cet acte, François-Richard et
Jean-Frédéric seraient les enfans de M. *François Boschet* et de la dame *Marie Fenon.*

Ils ont toujours été élevés comme tels ; ils ont
eu dans la société l'état d'enfans naturels et légitimes de M. *Boschet ;* ils en ont constamment
porté le nom. Ils ont été appelés, sous cette
qualité, l'aîné, par la conscription ; le cadet,
dans la garde d'honneur qui fut réunie auprès
du Gouvernement en 1813.

Le sieur *Délon* et la dame de *Vesien-Ru-
nambert* les avaient toujours traités et consi-
dérés comme leurs cousins légitimes. Ils sont
issus *Délon*, de *Marie-Catherine Boschet,*
la dame de *Runambert*, de *Justine Boschet,*
toutes les deux sœurs du sieur *François Bos-*

chet. Le sieur *François Boschet* étant décédé, le 10 septembre 1816, le sieur *Délon* et la dame de *Runambert*, instruits de sa mort par *Richard* et *Frédéric*, leur firent les complimens de condoléance en usage, en pareil cas, dans les familles honnêtes; le premier qui était sur les lieux, verbalement; la seconde, par une lettre qu'elle leur écrivit de Paris, le 29 septembre 1816.

Cependant, un particulier dont je tairai le nom, écrit au sieur *Délon* une lettre qu'il lut publiquement au moment où il la reçut dans un cabaret, conçue à peu près en ces termes : « Réjouis-toi, mon cher Délon; bois main- » tenant deux, quatre bouteilles de vin, si tu » le veux; vides-en tant qu'il te plaira, *Bois- » viels* t'appartient. »

Boisviels est un domaine d'origine nationale, situé au territoire d'Arles, d'un revenu de 8000 francs, qui composait tout ce que laissait M. Boschet ; domaine où ces deux enfans ont été élevés , dont ils jouissaient comme se croyant fils légitimes ou adoptifs de leur père.

Les collatéraux ne tardèrent pas long-temps de manifester l'intention de les dépouiller. Un arrêt de la Cour d'appel de Nanci leur avait donné l'éveil. On a plaidé devant le tribunal de première instance à Arles, et, le 24 avril 1817, il est intervenu de ce tribunal un jugement qui, contre les conclusions du ministère public, *déclare illégale et nulle et non-avenue, l'adoption faite par François Boschet et Marie Fenon, au profit de leurs enfans adultérins, comme faites par des incapables à des incapables ; déclare Jean - François - Richard et Jean-Frédéric, inhabiles à se dire et porter héritiers de François Boschet ; leur fait inhibitions et défenses de se dire et porter pour tels ; ainsi que de troubler et inquiéter les héritiers légitimes d'icelui, dans la jouissance et disposition des biens de la succession ; déclare Délon et la dame de Runambert, héritiers légitimes de François Boschet, légalement saisis de ses biens ; enjoint à tous détenteurs d'iceux, et notamment à Jean-François-Richard et Jean - Frédéric, de les restituer, délivrer et délaisser à Délon et à la dame de Runambert ; les autorise à se faire mettre en possession des immeubles aux formes de droit ; ordonne à tous débiteurs et fermiers de leur payer toutes les sommes, denrées et fermages de la succession dudit François Boschet ; ordonne l'exécution du jugement, sans*

caution en cas d'appel ; et condamne *Richard*
et *Frédéric* aux dépens.

En transmettant, au surplus, le jugement tel
qu'il leur a été signifié, *Richard* et *Frédéric*
demandent si l'on pense que leur adoption contenue dans l'acte du 4 prairial an 4, se trouve
validée par la loi du 25 germinal an 11.

En cas de négative, s'ils auraient une action
contre un avocat qui, en 1812, assura au sieur
François Boschet, qui voulait leur transmettre
tous ses biens, que cette adoption, sanctionnée
par la loi du 25 germinal, l'était aussi par la
jurisprudence de la France ; ce qui devait
paraître assez suffisant pour les leur assurer.

Il est heureux pour les enfans de M. *Bos-*
chet d'avoir à plaider en Provence plutôt qu'en
Lorraine. Ils trouveront à *Aix* une jurisprudence
différente de celle de *Nanci*. Si les premiers
juges ont commis une erreur à Arles, la Cour
d'appel de la huitième division a prouvé, dans
une cause pareille, qu'elle savait la réparer.
En voici l'espèce :

Le 20 pluviose an 3, *Pierre Vassal* avait
présenté à l'Officier de l'état civil de Nice, un
enfant dont *Catherine Lind* était accouchée
le 18 du même mois. Il lui avait donné les
noms de *Jean-François Vassal*, et déclaré que

cet enfant lui appartenait, et qu'il l'adoptait comme son propre et légitime fils.

François Vassal père meurt bientôt après. La mère, en qualité de tutrice légale de son fils, se met ou reste en possession des biens de l'adoptant. La dame *Gondolfo*, *sœur* de M. *Vassal* décédé, prouve que son frère était marié; que son fils était alors bâtard adultérin; et le 29 août 1807, le tribunal de première instance de Nice adjuge à la dame collatérale la succession de son frère; mais, plus libéral que celui d'Arles, comme il avait ordonné l'exécution provisoire de son jugement, nonobstant appel, il impose à la collatérale victorieuse, la condition de fournir des alimens à son neveu, *d'après la fixation qui en serait faite.*

Catherine *Lind,* à laquelle nous ne savons si nous devons donner la qualité de dame ou de demoiselle, appela de ce jugement, en sa qualité de mère et tutrice du jeune *Vassal,* devant la Cour d'Appel séant à Aix. La question principale qu'il y eut à décider, fut celle-ci: *La loi transitoire du 25 germinal an 11, a-t-elle validé l'adoption faite par feu Pierre Vassal, le 20 pluviose an 3, de son fils adultérin, Jean-François Vassal?* Voici l'arrêt qui fut rendu à ce sujet, le 10 janvier 1809, sur les

conclusions conformes de M. *Peise,* procureur-
général , magistrat qui nous est cher à plus
d'un titre :

« La Cour , considérant qu'il résulte des
» termes de l'acte du 20 pluviose an 3, que
» Pierre Vassal a adopté véritablement Jean-
» François - Vassal , COMME SON PROPRE ET
» LÉGITIME FILS ; que c'est là un acte public
Ϛ et authentique qui fait foi, jusqu'à inscription
» de faux ; que, dès-lors, toutes les exceptions
» de la dame Gondolfo sont inadmissibles ;.....

» Considérant que la question, SI UN EN-
Ɒ FANT NATUREL, MÊME ADULTÉRIN, PEUT
» ÊTRE ADOPTÉ PAR SON PÈRE , ANTÉRIEU-
» REMENT AU CODE CIVIL, EST DÉCIDÉE PAR
» LA LOI TRANSITOIRE DU 25 GERMINAL AN
» 11 ; que cette loi a eu pour objet de régler
» l'effet de toutes les adoptions qui avaient eu
» lieu depuis le 18 janvier 1794, jusqu'à la
» publication des dispositions du *Code civil,*
» relatives à l'adoption ;

» Que l'art. 1er. de cette loi déclare valables
» toutes les adoptions faites par actes authen-
» tiques dans cet intervalle, quand même elles
» n'auraient été accompagnées d'aucune des
» conditions depuis imposées pour adopter et
» être adopté ; QU'IL EST ÉVIDENT QUE, PAR

» LE MOT TOUTES, LA LOI TRANSITOIRE A
» EXCLU FORMELLEMENT LES RESTRICTIONS
» ET LES RÉSERVES QUE LE DROIT ROMAIN
» *pouvait mettre à la faculté d'adopter ou*
» *d'être adopté ;*

» QUE CETTE DISPOSITION DE LA LOI N'A
» PAS BESOIN D'ÊTRE EXPLIQUÉE ; qu'elle le
» serait au besoin par tout ce qu'en ont dit les
» Orateurs du Gouvernement qui l'ont pré-
» sentée au corps législatif. M. le conseiller
» d'Etat Berlier, en établissant les motifs qui
» réclamaient le maintien des anciennes adop-
» tions en l'état où elles se trouvent, a TRÈS-
» BIEN fait observer que tout système opposé
» serait contraire au besoin des circonstances,
» attendu que nulle forme spéciale n'était pres-
» crite jusques au Code ; et nulle condition
» n'étant imposée, la législation ne contenait
» alors aucune prohibition, et n'offrait, au
» contraire, qu'une autorisation indéfinie ;

» Considérant que la loi du 25 germinal an
» 11 valide indistinctement toutes les adoptions
» antérieures ; qu'elle n'a exigé d'autres formes
» et d'AUTRES CONDITIONS, POUR LEUR VA-
» LIDITÉ, que CELLES D'ÊTRE FAITES PAR
» DES ACTES AUTHENTIQUES ; que l'acte du
» 20 pluviose an 3, contenant l'adoption de

» *Jean-François Vassal*, est de ce genre ;
» que, par conséquent, cette adoption est
» approuvée par cette loi ;

» Considérant que les diverses lois rendues
» en France, depuis le 18 janvier 1792, sur
» l'adoption, ont TOUJOURS été considérées
» comme introductives d'un droit nouveau, et
» dérogatoires au droit ancien ; que c'est dans
» ce sens que M. le procureur-général Merlin
» a dit, dans une cause semblable, que la
» Cour d'appel de Caën a pu impunément vio-
» ler les lois romaines; qu'ELLE A DÛ LES VIO-
» LER, et qu'elle n'aurait pu s'y conformer sans
» donner ouverture à la cassation ; que, d'après
» cette maxime consacrée par DIVERS ARRÊTS
» de la Cour de cassation, et notamment par
» celui du 24 novembre 1806, il a été reconnu
» que les nouvelles lois françaises, sur l'adop-
» tion, avaient abrogé le droit romain :

» La Cour maintient *Catherine Lind* en la
» qualité qu'elle procède, en la possession et
» jouissance définitive des biens, meubles et
» immeubles appartenant à la succession de
» Pierre Vassal (1). »

Cet arrêt établit clairement, positivement,

_____

(1) *Sirey*, vol. 9, 2ᵐᵉ. part. page 358.

incontestablement, que, depuis le 18 janvier 1792 jusqu'à la publication du *Code civil*, l'enfant naturel adultérin a pu validement être adopté par son propre père.

La dame *Gondolfo*, frappée par cette décision souveraine, ne s'avoua pas vaincue. Elle se pourvut en cassation, et prétendit que la Cour d'appel, en déclarant valide l'adoption de son neveu qui était reconnu pour bâtard adultérin, avait violé les lois romaines qui prohibent une adoption pareille, et *fait une fausse application de la loi du 25 germinal an 11.*

Son système fut-il accueilli par la Cour de cassation? Non; il fut, au contraire, repoussé, par cette Cour, de la manière la plus solennelle. Voici le dispositif de l'arrêt qu'elle rendit dans cette cause :

« La Cour, attendu que la loi du 25 germinal an 11, porte, en termes absolus et généraux : *Toutes adoptions faites par actes authentiques, depuis le 18 janvier 1792 jusqu'à la publication des dispositions du* Code civil, *relatives à l'adoption, seront valables, quand elles n'auraient pas été accompagnées d'aucunes des conditions depuis imposées pour être adopté ;*

» Attendu que cette disposition, si positive en elle-même, se lie d'ailleurs à des motifs trop

puissan

puissans de tranquillité et d'ordre, ET SUR-
TOUT A UN MOTIF TROP SENSIBLE DE JUS-
TICE, EN FAVEUR DES ENFANS QUI AVAIENT
ÉTÉ ADOPTÉS SUR LA FOI DES DÉCRETS IN-
TERVENUS AVANT LE CODE, POUR QU'IL
PUISSE ÊTRE PERMIS DE LA MODIFIER par
des exceptions et des DISTINCTIONS QUI N'ONT
PAS ÉTÉ DANS LA PENSÉE DU LÉGISLATEUR,
PUISQU'IL NE LES A PAS EXPRIMÉES.....

» D'où il suit, qu'en déclarant cette adoption
VALABLE, LA COUR D'APPEL D'AIX N'A
FAIT QU'UNE JUSTE APPLICATION DE LA LOI
DU 25 GERMINAL AN 11, et n'a pu violer les
lois romaines sur l'adoption, qui, depuis l'introduction du droit français, ÉTAIENT NÉCES-
SAIREMENT restées sans vigueur dans le département des Alpes Maritimes, REJETTE le
pourvoi (1). »

Ainsi, cet arrêt de la Cour de cassation
statue, le 12 novembre 1811, que la Cour
d'appel d'Aix a fait une juste application de
la loi du 25 germinal an 11, en jugeant qu'un
père avait pu adopter son fils adultérin, au
détriment de ses héritiers collatéraux.

L'avocat qui, en 1812, avait assuré à M. Fran-

---

(1) *Sirey*, tome 13, première partie, page 424.

B

çois *Boschet*, que la loi et la jurisprudence va-
lidaient l'adoption de ses enfans, avait pu, avait
dû lui donner cette assurance. Il ne hasardait
pas une opinion, il parlait d'après les plus forts
monumens du droit, la loi et les arrêts souve-
rains. On n'a aucune action contre lui, et ce
qu'il a de plus fort en sa faveur, c'est que sa
conscience doit être à l'abri de tout reproche. Il
ne s'est pas fié à ses lumières particulières, il avait
sans doute sous les yeux les deux jugemens ci-
dessus transcrits ; il avait sous les yeux la loi
du 25 germinal et le rapport du conseiller d'Etat
qui la présenta à la sanction du corps législatif.
Je dis plus ; je soutiens que s'il avait douté alors
de l'efficacité de cette adoption, il eût été ou
un sot ou un homme de mauvaise foi ; car il a
dû savoir ce qu'il lisait, quand il a trouvé dans
le rapport de M. Berlier, le paragraphe suivant:
« Sauf les règles générales qui frapperaient
» de nullité ceux des actes d'adoption qu'on
» prouverait avoir été extorqués par la *vio-
» lence, ou être l'ouvrage d'un esprit aliéné,*
» LES ADOPTIONS CONSOMMÉES avant la pro-
» mulgation du Code, devront obtenir leur
» effet, SANS CONSULTER LA LOI NOUVELLE,
» ET SANS EXAMINER SI L'ADOPTANT ÉTAIT
» D'AILLEURS CAPABLE DE CONFÉRER L'A-

» DOPTION, OU L'ADOPTÉ CAPABLE DE LA RE-
» CEVOIR ; CAR L'UN ET L'AUTRE ÉTAIENT
» HABILES, PUISQUE LA LÉGISLATION NE CON-
» TENAIT ALORS AUCUNE PROHIBITION, ET
» N'OFFRAIT, AU CONTRAIRE, QU'UNE AUTO-
» RISATION INDÉFINIE. Tout système opposé
» au maintien PUR ET SIMPLE de ces anciennes
» adoptions, serait d'ailleurs évidemment con-
» traire aux besoins des circonstances, car, si
» d'après le vague dans lequel on est resté pen-
» dant onze années, par rapport à l'adoption,
» on est enfin parvenu à régulariser cette belle
» institution, l'application des règles nouvelles
» AUX ACTES ANCIENS, loin d'être un retour
» à l'ordre, NE SERAIT QU'UN NOUVEAU BOU-
» LEVERSEMENT. » (*Discours de M. Berlier
au corps législatif.*) Ainsi, n'est-il pas évident,
à moins de vouloir fermer les yeux à la plus vive
lumière, que les actes d'adoption, faits par actes
authentiques, depuis le 18 janvier 1792 jusques en l'an 11, n'ont pu être attaqués qu'autant
qu'ils auraient été le fruit de la *violence* ou du
délire ? Que les dispositions du Code relatives
à l'adoption, ne peuvent pas rétroagir ? Que,
relativement aux adoptions faites depuis le 18
janvier 1792, jusques au 25 germinal de l'an
11, le législateur a défendu *d'examiner* si celui

B 2

qui a été adopté, a pu l'être? Qu'il a donc pu
l'être par cela seul qu'il l'a été, puisque l'autorisation d'adopter était INDÉFINIE? Puisqu'enfin
le législateur dont on vient de connaître l'esprit, a exprimé sa volonté dans les lettres sui-
vantes : » TOUTES adoptions faites par actes
» authentiques depuis le 18 janvier 1792, jus-
» ques à la publication des dispositions du
» Code civil relatives à l'adoption, seront vala-
» bles, quand elles n'auraient été accompagnées
» d'aucunes des CONDITIONS DEPUIS IMPOSÉES
» POUR ADOPTER OU ÊTRE ADOPTÉ (1)? »
Que signifient ces mots : *Conditions imposées*
DEPUIS? N'est-ce pas exprimer avec la plus
forte évidence, que les conditions imposées par
le Code, ne pourront être exigées, invoquées
même, pour critiquer toutes les adoptions qui
avaient eu lieu ?

Après une législation aussi claire, après divers
arrêts rendus en cette matière par plusieurs
Cours souveraines de France, et notamment
après les deux arrêts que je me suis complu à
transcrire, s'il est un acte qui doive être respecté, c'est celui qui constitue une adoption
quelle qu'elle soit, quand elle a été faite librement, avec pleine connaissance de cause, dans

_____

(1) Article 1er. de la loi du 25 germinal an 11.

un acte authentique, pendant l'intervalle déterminé par la loi du 25 germinal de l'an 11.

Ainsi, le conseil de M. Boschet avait raison
en 1812; et les premiers avocats de la capitale
et de la France n'eussent pu avoir une opinion
différente de la sienne. Il était à l'esprit et à la
lettre de la loi.; la jurisprudence était fixe à cet
égard.

COMME les motifs sur lesquels le tribunal
d'Arles a étayé son jugement, renferment toutes
les objections qu'il a été possible d'opposer à la
doctrine que nous professons, et que nous es-
sayons de démontrer être la doctrine légale, il
faut que je les mette sous les yeux du lecteur.

Premier moyen. « Considérant que la loi
» ne prescrit pas la suppression des actes ré-
» cognitifs de filiation adultérine, et que cette
» suppression ne peut être suppléée par les juges,
» et qu'il est d'ailleurs impossible d'anéantir
» le fait de la reconnaissance contenue dans l'acte
» dressé le 4 prairial an 4, par l'officier de l'état
» civil de la ville d'Arles, et la réquisition de
» François Boschet et Marie Fenon, en ce qui
» concerne Jean-François-Richard et Jean-
» Frédéric. »

Pour comprendre ce que les premiers juges

ont voulu dire par ces paroles, il faut savoir que les adversaires des fils, ou du moins,
de ceux qui se croyaient fils de M. *Boschet*,
avaient demandé que la *reconnaissance* et la
légitimation exprimées par les prétendus père
et mère de ces deux enfans, dans l'acte de célébration de leur mariage, fussent biffées des registres de l'acte civil, concluant de l'obtention
de ce chef de leurs demandes, que l'adoption qui
suivait dans cet acte cette *reconnaissance* et
cette *légitimation*, comme n'en étant qu'une
émanation, tomberait alors avec elles. Le tribunal, au contraire, a pensé qu'il ne pouvait
pas anéantir cette reconnaissance; que tout
père de famille avait le droit de constater son
adultère sur un registre public; et en repous-
sant la demande des collatéraux, il a mieux
agi pour leurs intérêts qu'ils ne l'avaient fait
eux-mêmes.

En effet, en supposant que le tribunal eût
ôté de cet acte la *reconnaissance*, la *légitima-*
tion, et par suite *l'adoption*, il était purement
et simplement alors un acte civil, constatant
le mariage de M. *Boschet* avec la demoiselle
Fenon.

Alors Jean-François-*Richard*, et Jean-*Fré-*
déric étaient des enfans nés en France, d'un

père inconnu ; en cette qualité, ils pouvaient recevoir chacun un legs de M. François *Boschet*. Il n'était plus permis alors à leurs adversaires de prouver que M. *Boschet* était leur père, que la dame *Fenon* était leur mère, ou du moins, qu'elle les avait eus de son commerce avec M. *Boschet* ; car, d'après l'art. 440 du Code, *la recherche de la paternité est interdite*. (Ainsi jugé par la Cour de cassation le 17 décembre, 1816.—*Sirey*, tom. 17, 1er. recueil, *page* 191.) S'il existe un testament de M. François *Boschet* en faveur de son épouse et des deux enfans, le jugement d'Arles en paralyse les dispositions d'avance, en proclamant, contre la volonté signifiée des sieurs *Belon* et de la dame de *Runambert*, *Jean-François-Richard* et *Jean-Frédéric*, bâtards adultérins de M. *François Boschet*.

M. Jean-François *Boschet* et la dame *Fenon* ont-ils pu imprimer à ces deux enfans la qualité de bâtards adultérins ? La bonne foi que *Richard* et *Frédéric* ont eue de se croire enfans légitimes de M. *Boschet* et de la dame son épouse, peut-elle leur être opposée, dans le cas qu'il existe un testament du sieur *François Boschet* en leur faveur ? La reconnaissance faite par le sieur *Boschet*, dans son acte de mariage, peut-

elle leur nuire ? Voilà trois questions importantes
que ce *considérant* fait naître , et dont nous ne
présumons pas que nous soyons obligés de nous
occuper un jour, puisque nous ne mettons aucun
doute à ce que ces enfans soient maintenus dans
la succession entière du sieur *François Boschet.*

Toutefois, pour l'honneur des principes, nous
contestons la décision de ce tribunal, qui *considère*, contre la teneur formelle de l'art. 335 du
Code, qu'une reconnaissance peut avoir lieu au
profit d'un enfant adultérin. Quand la loi prohibe
cette reconnaissance, elle est donc regardée
comme non-avenue, alors qu'elle est faite ; et si
une des parties en demande la nullité, si le tribunal est forcé de la prononcer, comment une chose
nulle d'après la loi, que le tribunal serait forcé
d'annuller, pourrait-elle continuer d'exister ?

Dira - t - on que nous ne saisissons pas le
sens du motif exprimé par le tribunal ? Qu'il
ne prétend pas soutenir qu'une reconnaissance
puisse être faite au profit d'un enfant adultérin ;
mais qu'il est impossible de la biffer alors qu'elle
existe seulement pour nuire à l'enfant ? Mais si
l'enfant qu'on prétend adultérin, ne peut *pro-
fiter* de la reconnaissance, peut-on la lui opposer, pour l'empêcher de jouir, comme homme
et citoyen, des bienfaits d'un de ses sembla-

bles qu'il n'est pas permis de prouver être
son père? Dans quel Code trouve-t-on qu'une
loi qui prohibe de faire quelque chose au *profit* d'un individu, ordonne, par cela seul, que
cette chose, si elle est faite, doive exister pour
lui être fatale? Cette question s'étant présentée
par-devant la Cour de cassation, le 16 décembre de l'année dernière, elle a cassé au profit
d'*Adélaïde Gillet*, *mineure*, que les juges d'appel avaient considérée comme bâtarde adultérine
d'un sieur Guerin, un arrêt qui la privait d'un
legs universel que M. *Guerin* avait fait en sa
faveur. (*Recueil de M. Sirey*, 1817.)

Les partisans du jugement d'Arles diront-ils
que l'article 335 du Code n'est point applicable
à l'espèce? Que c'est d'après la loi du 25 germinal de l'an 11, que cette cause doit être jugée? Sous ce double rapport, nous convien-
drons alors qu'ils ont raison; mais, dans ce cas,
ce premier considérant hérétique n'aurait donc
été avancé que pour faire à ces deux enfans infortunés, plus de mal que ne voulaient leur en
faire leurs avides cousins, et laisser contre eux
une funeste pierre d'attente.

L'article 335 qu'ils invoquent plus bas, existerait ou n'existerait donc pas, au gré de leur
caprice? En vertu de l'art. 335, un père ou un

individu à qui il plairait de s'en arroger la qualité, aurait-il le droit d'imprimer, par une reconnaissance non acceptée par l'enfant, puisqu'il serait encore au maillot, la qualité d'enfant adultérin? Je ne le pense pas. La prohibition de faire entraîne la nullité de ce qui est fait.

Deuxième motif. *Considérant que dans tout acte quelconque, la cause doit être licite, et n'être contraire ni aux lois d'ordre public, ni aux bonnes mœurs; qu'autrement l'acte est vicié dans son principe, et ne peut avoir d'existence légale.*

Troisième motif. *Considérant que la cause de l'acte d'adoption dont il s'agit au procès est la filiation adultérine, en l'impossibilité ou la prohibition de la légitimation d'enfans adultérins, ce qui est expressément déclaré dans l'acte.*

Quatrième motif. *Considérant que telle cause est contraire aux lois d'ordre public et aux bonnes mœurs.*

Nous ne contestons pas la vérité d'un principe général qu'on retrouve partout, et que le tribunal répète dans son second considérant, mais nous contestons la vérité du fait avancé dans le troisième, et la décision qu'il prononce dans le quatrième.

La rédaction de ce troisième considérant est
obscure et vicieuse, car il n'est pas possible de
comprendre ce que ce tribunal a voulu dire,
quand il a considéré que *la filiation adultérine
en l'impossibilité ou la prohibition de la légitimation d'enfans adultérins, ce qui est
expressément déclaré dans l'acte,* est la cause
de l'adoption. Je vois dans l'acte, d'abord,
le mariage de M. Boschet et de la demoiselle
Fenon; ensuite j'y vois la reconnaissance et la légitimation des deux enfans, nés postérieurement
à la séparation de M. *Boschet* d'avec la demoiselle *Boyer,* sa première épouse ; enfin , j'y vois
l'adoption, *en tant que de besoin.*

Ainsi, dans cet acte, les nouveaux mariés
*reconnaissent pour leurs enfans naturels et
légitimes, Jean-François-Richard et Jean-
Frédéric,* et les adoptent en tant que de besoin,
*pour par eux jouir de tous les droits atta-
chés aux enfans légitimes et naturels.* Il y a
dans cet acte, *reconnaissance, légitimation,
adoption.* Il ne résulte donc pas de cet acte,
ainsi qu'il faut deviner que le tribunal a voulu
l'établir, que les mariés Boschet, sachant qu'ils
ne pouvaient reconnaître et légitimer leurs enfans, parce qu'ils étaient adultérins, avaient
alors voulu les adopter. Les mariés Boschet ne

savaient rien de tout cela. Ils ont, au contraire, *reconnu*, ils ont *légitimé*, ils ont *adopté*; mais très-certainement il n'est jamais entré dans leur intention d'établir *la filiation adultérine* de ces enfans, comme la cause de leur adoption *en l'impossibilité de la légitimation*. Etait-il *impossible* aux mariés Boschet de *légitimer* ces enfans dans cet acte? La question n'a pas été agitée. Le tribunal a alors prêté gratuitement aux mariés Boschet, dans ce fait, une intention qui ne fut jamais la leur, et trouvé, dans cet acte, une cause à l'adoption, qui n'est pas la véritable cause de cette adoption.

Les mariés Boschet durent se dire en eux-mêmes, s'il était possible que la reconnaissance et la légitimation que nous faisons de ces deux enfans, autorisées aujourd'hui par la loi du 12 brumaire, pussent ne pas obtenir tous les effets que nous voudrions qu'elles eussent, puisque le Code civil promis doit les déterminer, usons alors de la faculté générale que la loi nous donne *d'adopter*. La prudence et la tendresse leur inspirèrent cette mesure, mais nullement l'impossibilité de faire ce qu'ils faisaient réellement, ce que la loi alors existante les autorisait à faire, et ce que *l'article* 335 du Code, venu *depuis*, veut qu'on regarde à l'avenir comme

non-avenu, quant à la reconnaissance et à la légitimation des enfans adultérins, dont les pères
n'auraient pas été séparés de corps ou en instance pour obtenir la séparation, avant leur
naissance.

Ce troisième considérant est donc faux dans
les faits d'intention qu'il renferme, vicieux dans
sa rédaction, et injuste dans son esprit.

Après avoir raisonné de la sorte, ce tribunal
a considéré qu'une telle adoption était contraire
aux lois *d'ordre public* et aux *bonnes mœurs,*
et en cela il n'a fait que consacrer dans son jugement, la doctrine professée par les parties adver-
ses. Oh! comme les collatéraux sont aujourd'hui
défenseurs de la morale! Mais, en admettant que
cette adoption fût contraire aux lois anciennes,
à la loi nouvelle, et même aux bonnes mœurs,
que devient la loi du 25 germinal, qui avait
validé *toutes* les adoptions faites dans l'intervalle? Nous le saurons bientôt. Poursuivons.

Quatrième motif. — « Considérant que la
» capacité des parties qui procèdent à des
» actes, quels qu'ils soient, est une condition
» essentielle et primordiale, nécessaire dans
» tous les cas, et commune à toutes les espèces
» de conventions et de dispositions, et qu'on
» ne peut confondre avec les conditions et

» formalités particulières à chacune de ces es-
» pèces. »

Le principe qui veut que celui qui passe
un acte, ait la capacité déterminée par la loi
pour le passer, est incontestable ; si c'est là ce
qu'a voulu dire ce tribunal, nous ne pouvons
combattre cette vérité triviale ; mais, avec tout
le respect que nous lui devons, il nous permet-
tra d'avouer que nous n'avons trouvé que des
mots vides de sens dans ce qui constitue et
finit ce considérant. Il faut, pour contracter,
en avoir la capacité, tout le monde sait cela ;
mais quand le tribunal ajoute qu'on ne peut
confondre cette capacité, ou, si l'on veut, les
conditions qui établissent cette capacité, *avec
les conditions et formalités particulières à
chacune de ses espèces,* nous avouons que
nous ne comprenons rien à cette *confusion* de
capacité ou de condition, *avec les conditions
et formalités particulières à chacune de ses
espèces.*

Si le tribunal a voulu dire que M. *Boschet,*
en se déclarant le père de *Richard* et de *Frédéric,* nés de la dame Fenon pendant son mariage avec la dame Boyer, n'avait plus la capacité légale de les adopter, et que ces deux enfans, déclarés adultérins par M. Boschet, n'a-

vaient pas la capacité d'être adoptés par lui,
ce système, que les adversaires de ces deux enfans veulent établir, pouvait être énoncé d'une
manière plus claire ; ce n'était pas le cas de
parler le langage des oracles dans les considérans, quand le dispositif du jugement est si précis. Mais un tel sytême était trop en opposition
avec le premier article de la loi du 25 germinal, et le discours du conseiller d'Etat, qui en
développa l'esprit, pour oser, en termes formels, avancer précisément le contraire ; et alors,
l'on a eu recours à une contexture énigmati-
que, qu'il était inutile d'employer. Le législateur avait dit que l'adoption devait sortir à effet, SANS EXAMINER SI L'ADOPTANT ÉTAIT
CAPABLE DE CONFÉRER LE BÉNÉFICE DE L'A-
DOPTION, OU L'ADOPTÉ CAPABLE DE LE RE-
CEVOIR. (*Discours de M. Berlier au corps
législatif, en lui présentant le projet de loi du
25 germinal*).

Il avait dit plus haut, que NULLES FORMES
SPÉCIALES N'ÉTAIENT PRESCRITES JUSQUES
AU CODE CIVIL : LES ADOPTIONS FAITES JUS-
QUES A CETTE ÉPOQUE, DOIVENT DONC ÊTRE
DÉCLARÉES VALABLES, POURVU QU'ELLES
SOIENT ÉTABLIES PAR UN TITRE AUTHEN-
TIQUE. (*Idem.*)

Après un texte aussi clair, que deviennent les
*conditions et les formalités de chacune des
espèces?* L'espèce particulière dans laquelle
nous nous trouvons, n'a rien de commun avec
les espèces générales; elle a sa loi spéciale, de
laquelle il n'est pas permis de s'écarter, contre
laquelle il n'aura pas été permis de juger. Pourquoi de vagues abstractions et des tours de
phrases inintelligibles?

Voyons si les quatre *considérans* qui suivent,
et qui découlent les uns des autres, seront plus
clairs, plus en harmonie avec la loi, plus justes
dans leur esprit, et plus applicables à l'espèce.

Cinquième motif. — « Considérant que l'ar-
» ticle 10 de la loi du douze brumaire an 2,
» subordonne l'état, et par conséquent la ca-
» pacité des enfans naturels, dont les pères et
» mères décéderaient après la promulgation du
» Code civil, aux dispositions de ce Code, en
» déclarant les enfans adultérins incapables d'ê-
» tre reconnus, et inhabiles à la successibilité,
» si leurs père et mère décédaient avant cette
» promulgation. »

Sixième motif. — « Considérant que l'article
» 335 du Code civil déclare que les enfans
» adultérins ne peuvent être reconnus, et pros-
» crit ainsi la filiation de ces enfans, en sorte
                                    » qu'elle

» qu'elle ne peut-être civilement entretenue. »

Septième motif. — « Considérant que les ar-
» ticles 762 et 908 du Code, limitent la capacité
» de ces enfans à recevoir des alimens. »

Huitième motif. — « Considérant que l'acte
» de prairial est postérieur à la promulgation
» de la loi de brumaire an 2, et qu'ainsi l'état
» de *Jean-François-Richard* et *Jean-Frédé-*
» *déric*, était incertain, ce qui faisait dépen-
» dre le sort de cet acte, du réglement de l'état
» desdits *Jean-François-Richard* et *Jean-Fré-*
» *déric*, par le Code civil, et mettait obstacle
» à ce que l'acte leur conférât aucun droit avant
» la promulgation de ce Code. »

En lisant ces considérans, ne semble-t-il pas
que le tribunal avait à examiner l'acte du 4 prairial an 4, sous l'unique rapport de la reconnaissance et de légitimation qu'il renferme;
que la question de la validité de l'adoption
était absolument étrangère à la discussion? et
cependant le tribunal n'a rien prononcé sur cette
reconnaissance, et a annullé l'adoption !

Si la question de la validité de la reconnaissance ne lui a pas été soumise, à quoi bon rap-
peler ici la loi du 12 brumaire an 2 ? Le cas de
l'adoption est-il prévu par cette loi? Le mot
adoption s'y trouve-t-il placé dans une de ses

C

lignes ? Nullement. Pourquoi donc invoquer, dans cette cause, l'article 10 de cette loi ?

Au surplus, l'article 10 de cette loi *déclare-t-il les enfans adultérins, incapables d'être reconnus et inhabiles à la successibilité, si leurs père et mère décédaient avant la promulgation du Code,* ainsi que ce tribunal l'avance? Cet article n'en dit pas le mot, il est relatif aux enfans naturels ordinaires ; les mots *d'enfant adultérin* n'y sont pas exprimés. Voici ce qu'il porte : « A l'égard des enfans nés hors du » mariage, dont le père et la mère seraient en- » core existans lors de la promulgation du Code » civil, leur état et leurs droits seront en tous » points réglés par les dispositions du Code. »

Ce sont les articles 13 et 14 de cette loi qui sont relatifs aux enfans naturels adultérins ; l'art. 13 veut qu'ils aient pour alimens le tiers en propriété de la portion à laquelle ils auraient droit, s'ils étaient légitimes.

L'art. 14, fait pour l'espèce actuelle, est ainsi conçu : « Néanmoins, s'il s'agit de la suc- » cession de personnes séparées de corps par » jugement ou acte authentique, les enfans nés » hors du mariage exerceront tous les droits de » successibilité énoncés en l'art. 1er., pourvu » que leur naissance soit postérieure à la de-

» mande en séparation. » Or, quels étaient ces droits? L'art. 2 de cette loi les consacre ; le voici : « Leurs droits de successibilité sont les » mêmes que ceux des autres enfans. »

En fait, il est notoire, il est certain, que les époux *Boschet* et *Boyer*, qui s'étaient mariés en 1775, ne vécurent pas six mois ensemble ; qu'en 1781, il y eut entr'eux une séparation volontaire, dont les conditions furent déterminées dans un traité sous seing-privé ; qu'en 1784, il y eut entr'eux INSTANCE *en séparation de corps et de biens* ; que sur cette instance, il intervint une transaction, par laquelle le mari et la femme convinrent d'une séparation volontaire pendant douze ans ; qu'avant l'expiration des douze ans, la dame *Boyer* quitta la France ; qu'à l'expiration des douze ans, époque où la séparation volontaire aurait pu finir, le divorce rompit à jamais ces nœuds mal assortis. Ainsi, d'après l'esprit et la lettre de la loi du 12 brumaire an 2, si mal à propos invoquée par le tribunal, la reconnaissance et la légitimation de *Richard* et de *Frédéric* seraient inattaquables. Mais qu'on ne conclue pas de l'aveu contenu dans ma dernière phrase, que je reconnais le Code actuel comme devant régler le sort de *Richard* et de *Frédéric*, sous le rapport de la légitimation,

C 2

quoique cependant il n'eût rien de contraire à
leurs intérêts, ainsi que j'aurai lieu de le remarquer dans la suite. Si l'on veut être de bonne
foi, on avouera que le Code civil annoncé par
le législateur au 12 brumaire an 2, n'est pas le
Code civil qui fut publié dix ans après. Relativement aux enfans naturels, sa pensée était exprimée d'avance, et ce que j'affirme se trouve
prouvé dans les débris qui nous restent d'une
partie de projet de ce Code civil, rédigé par
un comité de la Convention, à la tête duquel
se trouvait M. Cambacérès. Il présenta ce tra-
vail à la tribune nationale, le 23 fructidor an 2
et en messidor de l'an 4.

Et c'est après avoir placé dans l'art. 10 de la
loi du 12 brumaire an 2, des prohibitions qui ne
s'y trouvent pas, avoir omis les articles 13 et
14 de cette loi qui seraient précis en notre faveur, que le tribunal d'Arles, argumentant de
cette loi étrangère à l'adoption, considère im-
médiatement après, que l'art. 335 du Code actuel proscrit la reconnaissance *d'enfans adultérins*, que les articles 762 et 908 de ce même
Code ne leur accordent que des alimens, et que
le sort de *François-Richard* et de *Jean-Frédéric*, ajourné, d'après la loi de brumaire an 2, à
la publication du Code, ne peut être réglé que

par les dispositions de ce Code. Belle conclu-
sion, et digne de l'exorde !

Mais, je le répéterai vingt fois, tous ces
considérans sont étrangers à la cause. Ce n'est
pas parce qu'ils ont été reconnus et légitimés de
la manière voulue par la loi du 12 brumaire an
2, que *François-Richard* et *Jean-Frédéric* sont
restés dans l'héritage de M. *Boschet*, mais
c'est parce qu'ils ont été adoptés par lui. Alors
que devient dans l'espèce cette loi de brumaire
an 2 ? C'est la loi du 25 germinal an 11 qui a
déterminé leurs droits à la succession de leur
père adoptif. Il est inutile d'examiner si l'acte
du 4 prairial an 4 est postérieur à la loi de brumaire de l'an 2 ; ce qu'il faut examiner en fait,
est si l'acte du 4 prairial est postérieur au 18
janvier 1792, et antérieur à la publication du
Code sur les adoptions. Ainsi le veulent l'im-
partiale justice, les termes formels de la loi,
l'esprit du législateur et la saine jurisprudence.

Comment oser avancer alors que l'art. 335
doit régir cette espèce ? L'art. 335 dispose pour
l'avenir ; il dispose contre les enfans naturels
adultérins ; il ne dispose pas contre ceux qui
avaient acquis, par l'effet de l'adoption, tous les
effets attribués à la qualité d'enfant légitime ; le
vice de la naissance est absorbé par l'efficacité

de la nouvelle institution civile, alors, surtout, que l'enfant était né depuis l'instance en séparation. Cet article pourrait-il d'ailleurs déroger à des droits acquis en vertu d'une législation antérieure ? Que de vaines sueurs pour échapper à la loi spéciale à la matière !

Nous voici enfin parvenus aux considérans relatifs à l'inefficacité de la loi du 25 germinal ; il n'y en a que deux, mais ils sont remarquables. « Considérant *que les effets des adoptions anté-* » *rieures au Code sont, d'après la loi du 25 ger-* » *minal an* 11, *déterminés par le Code, et que* » *ces effets sont inconciliables avec la proscrip-* » *tion et les effets de l'adultérinité établis par* » *la même législation, et applicables, d'après* » *la loi de brumaire an* 2*, aux enfans dont* » *s'agit ; car l'adoptant peut-il donner son* » *nom à celui qu'il ne peut reconnaître pour fils ?* » *La transmission de nom étant un signe évi-* » *dent de paternité et de filiation, à celui qui* » *ne peut recevoir autre chose que des ali-* » *mens, le droit d'un enfant né en mariage* » *peut-il être acquis à celui que la loi prive de* » *successibilité ?*

» *Considérant que la loi du 25 germinal* » *an* 11 *ne paraît pas avoir eu pour objet de* » *concilier des objets si opposés, en statuant*

» sur les adoptions ANTÉRIEURES AU CODE
» CIVIL, 1°. parce que promulguée après le
» Code qui avait consacré l'ancienne légis-
» lation, en prononçant l'incapacité des en-
» fans adultérins, et par suite la nullité en ré-
» sultante pour leur adoption, elle aurait ré-
» troagi et détruit ce qui venait d'être opéré en
» conformité de la loi de brumaire an 2 ;
» 2°. parce que cette loi du 25 germinal ne
» contient aucune dérogation au principe qui
» frappe de nullité les actes et conventions
» dont la cause est en opposition avec les lois
» d'ordre public et de bonnes mœurs, que le
» législateur n'est jamais présumé perdre de
» vue, et que la Convention nationale a res-
» pectées elle-même, ainsi que le prouve le dé-
» cret particulier cité au procès ; 3°. parce que
» le procès-verbal de la discussion de cette loi
» au Conseil d'État et l'exposé des motifs au
» Corps législatif, constatent que les expres-
» sions TOUTES ADOPTIONS, n'excluent pas
» l'application des règles générales de droit aux
» adoptions dont s'agit, et que l'on s'est servi
» du mot TOUTES pour assimiler les divers cas
» d'adoption distingués dans le premier projet
» de loi. »

Si j'avais à réfuter un mémoire signé par

de simples particuliers, il me serait libre de me livrer à la juste indignation que devraient inspirer.à tout homme franc et qui connaît la législation relative à cette cause, et l'entortillage que je trouverais dans leurs phrases, et la doctrine illégale qu'ils voudraient y établir; mais je sais quel est le respect que je dois à un tribunal, lors même qu'il est induit à erreur; et s'il était possible que la chaleur de la discussion m'emportât au-delà des bornes de la modération, qu'on reste bien persuadé que je n'entends répondre qu'à nos adversaires, et point du tout à nos juges.

La voilà enfin abordée par nos contradicteurs, cette loi du 25 germinal de l'an 11, qui valide, dans son premier article, *toutes* les adoptions antérieures au Code civil. Mais ce n'est pas ce qu'ils y aperçoivent. Pour ne pas y lire ce qui s'y trouve écrit, que de divagations! *Les effets des adoptions antérieures au Code sont, d'après la loi du 26 germinal, déterminés par le Code, et les effets sont inconciliables avec la proscription et les effets de l'adultérinité établis par la même législation, et applicables, d'après la loi de brumaire an 2, aux enfans dont s'agit; car, etc., etc.* Mais que signifie tout cela? Qu'a-t-on voulu dire?

Quelle confusion de mots ! quel amalgame incohérent de trois lois bien diverses ! Ah! ce
n'est pas ainsi que le bon droit raisonne !

C'est le propre des hommes d'errer : le tribunal d'Arles pouvait, comme le tribunal de
première instance de Nice, avancer que la loi
du 25 germinal n'avait point entendu valider
l'adoption d'un enfant adultérin, au mépris
des lois anciennes qui la prohibaient ; mais
dire que la loi du 25 germinal aurait un effet
rétroactif contre les dispositions du Code civil
sur l'adoption, publiées trois semaines aupa-
ravant, et *détruirait ce qui venait d'être opéré
en conformité de la loi de brumaire an 2*, c'est,
ce me semble, commettre une erreur par trop
manifeste.

Le Code ne statue que pour l'avenir ; depuis
le 18 janvier 1792, l'adoption était permise en
France ; les formes de l'adoption, la capacité
pour adopter et être adopté, n'avaient point
été déterminées par le législateur. En vertu du
principe, ou, si l'on veut, de l'introduction de
l'adoption en France, il y avait eu bien des
adoptions ; nulle loi n'était intervenue pour
en déterminer la forme et les conditions de capacité respective.

Le législateur, en l'an 11, détermine et les formes et les qualités de capacité pour l'avenir, en consacrant de nouveau le principe; et par une loi spéciale et particulière aux adoptions ANTÉ-RIEURES, il valide *toutes* les adoptions qui avaient été faites, jusqu'à la publication du Code, par actes authentiques. Où donc est ici la rétroactivité ? Est-ce que l'adoption de *Richard* et de *Frédéric* ne remonte pas à l'acte authentique du 4 prairial an 4 ? La loi du 25 germinal ne dit pas : Seront valides toutes les adoptions faites depuis le 18 janvier 1792, jusques au jour de la publication de la présente loi, mais bien *jusques à la publication des dispositions du Code civil, relatives à l'adoption.* L'adoption des enfans Boschet a-t-elle eu lieu entre le 2 germinal de l'an 11, et le 25 du même mois ? Nos contradicteurs, en nous accusant de vouloir faire rétroagir le Code par la force de la loi du 25 germinal, peuvent-ils s'aveugler au point de ne pas voir que ce sont eux-mêmes qui, en appliquant à l'acte d'adoption du 4 prairial an 4, les dispositions du Code, opéreraient une rétroactivité forcée, illégale, mais positive ?

Les formes et les conditions prescrites par le Code, ne pourraient régir les adoptions préexistantes sans les annuller RÉTROACTIVEMENT, ET L'ON SENT COMBIEN CELA EUT ÉTÉ IN-

JUSTE...... CES CONSIDÉRATIONS réclament IM-
PÉRIEUSEMENT LE MAINTIEN DES ANCIENNES
ADOPTIONS, EN L'ÉTAT OU ELLES SE TROU-
VAIENT. (*Discours de M. Berlier*). *Tout système opposé* AU MAINTIEN PUR ET SIMPLE
*de ces anciennes adoptions, serait contraire
au besoin des circonstances.... L'application
des règles nouvelles aux actes anciens, loin
d'être un retour à l'ordre, ne serait qu'un nouveau bouleversement.* (*Idem*).

Les effets des adoptions antérieures au Code
n'étaient point réglés ; ils sont déterminés par
le législateur, le 25 germinal ; il établit qu'ils
seront les mêmes pour les adoptions consommées, c'est-à-dire celles déjà faites par actes
authentiques, que pour celles à venir, si l'a-
doptant, dans les six mois qui suivraient la
publication de cette loi, *ne se présente devant
le juge de paix de son domicile, pour y affirmer
que son intention n'a pas été de conférer à l'a-
dopté tous les droits de successibilité qui appar-
tiendraient à un enfant légitime.* (Art. 4 de
la loi).

M. *Boschet*, adoptant, n'a fait aucune déclaration semblable, dans le délai déterminé
par la loi. Les effets de l'adoption qu'il a faite
le 4 prairial an 4, se trouvent donc consacrés

par cette loi, et énumérés aux articles 347,
348, 349, 351 et 352 du Code civil, auxquels
le législateur du 25 germinal renvoie, pour ne
pas les répéter dans cette loi.

La véritable *rétroactivité* est une disposition légale qui porte atteinte à des droits acquis.
Celle du 25 germinal de l'an 11 n'est point
dans cette cathégorie, puisqu'elle n'est que le
complément de celle qui avait consacré l'introduction de l'adoption, sans en régler les
effets. On savait que l'adopté était le fils de la
famille, et jusques à la publication du Code,
aucun collatéral n'avait osé contester à un
adopté les prérogatives naturelles de l'enfant
de la famille. Elle dispose pour un temps passé,
il est vrai ; mais, dans ce sens, sa *rétroactivité*,
si je puis me servir de ce terme, avait été an-
noncée d'avance par le législateur.

Nous examinerons bientôt si, dans les dispositions sur l'adoption, le Code civil prohibe
l'adoption de l'enfant naturel. Nous connaissons l'opinion émise sur cette question par
M. le procurer-général près la Cour de cassation, le 14 novembre 1815, et notre conscience
et nos lumières ne nous permettent pas de trouver dans le Code ce qui ne s'y trouve pas, et
ce que le législateur a refusé d'y mettre ; mais

si nos adversaires lisent avec attention le réquisitoire que ce magistrat fit dans cette circonstance, ils seront forcés de reconnaître qu'il re-
gardait, au 14 novembre 1815, les adoptions
d'enfans naturels, faites depuis le 18 janvier
1792, jusques à la publication du Code, comme
inattaquables, d'après la loi du 25 germinal
de l'an 11.

En convenant que nous ne partageons pas
l'opinion de M. le procureur-général, en ce
qu'il trouve, dans l'esprit du Code, une volonté que nous n'y trouvons pas, nous ne vou-
lons pas louer le législateur intermédiaire d'a-
voir manifesté une volonté contraire. Fortement
ami des bonnes mœurs, nous désirions, comme
ce magistrat, dont nous nous ferons toujours
un honneur d'avoir été autrefois le confrère,
que le fils de l'adultère ne pût marcher l'égal
de l'enfant légitime ; mais cette volonté particulière cède à la volonté générale, manifestée
par la loi ; et comme jurisconsulte, il ne m'est
pas permis de chercher et de trouver, dans la
loi, le contraire de ce que le législateur a voulu
qu'elle permît.

Toutefois, je le répète, le Code civil est
étranger à la question que nous traitons, parce
que ce n'est pas d'après le Code qu'on a dû

examiner à Arles si *François-Richard* et *Jean-Frédéric* pouvaient être adoptés. La loi du 25 germinal, spéciale sur cette matière, doit seule être appliquée en cette espèce. Jusques à sa promulgation, *les adoptions qui avaient eu lieu, avaient été faites sous les auspices d'une législation incomplète, il est vrai, mais du moins positive dans son objet* (1).

Des milliers d'adoptions avaient eu lieu sur la surface de la France ; le législateur les a TOUTES validées, autant qu'elles seraient constatées par UN ACTE AUTHENTIQUE. Juger en sens inverse, c'est juger contre la volonté de la loi, c'est ériger autel contre autel ; avoir recours à des *non-apparences* (la loi du 25 germinal an II *ne paraît pas*, dit le tribunal d'Arles), *à des non-présomptions* législatives (le législateur n'est jamais *présumé*, ajoute-t-il) pour anéantir une loi par la jurisprudence, c'est établir une puissance nouvelle, étrangère à toute organisation sociale, au-dessus de la puissance suprême du gouvernement ; c'est méconnaître et violer ouvertement l'article 88 de la Charte, qui prescrit que *les lois exis-*

---

(1) Discours de M. Berlier au Corps législatif.

tantes resteront en vigueur jusqu'à ce qu'il y soit légalement dérogé; c'est enfin opérer *ce bouleversement* que le législateur avait voulu éviter par la publication de la loi du 25 germinal. Vouloir amalgamer le titre du Code sur les successions, avec celui sur les adoptions, les confondre quand le législateur les a divisés; faire passer le dernier avant le premier, faire anéantir le premier par le second, c'est imiter ces pêcheurs qui ont soin de troubler l'eau pour mieux utiliser leur épervier. Cette tactique usée aura pu réussir à l'embouchure du Rhône, mais elle ne réussira pas sur les bords de l'Arc, ni sur les rives de la Seine.

«Considérant qu'il n'est pas constant au procès, que la première épouse du sieur Boschet fût prévenue d'émigration, ni atteinte de mort civile, et que le point de fait, fût-il admis au procès, comme tel, il n'en résulterait pas que le sieur Boschet fût dégagé du lien conjugal, lors de la conception et de la naissance de *Jean-Frédéric,* puisque son divorce n'a été prononcé que cinq jours avant l'acte du 4 prairial an 4.»

« Considérant que la lettre de la dame de Vesien de Runambert ne renferme aucune renonciation à ses droits. »

Ces deux considérans sont opposés, le pre-

mier, au fait de la naissance de Jean-Frédéric, après le départ de la première épouse du
sieur Boschet ;

Le deuxième, à une fin de non-recevoir contre *la dame de Runambert* seule, induite de la
lettre qu'elle avait écrite à ses deux cousins,
après la mort de son oncle.

Ces deux moyens n'ont été présentés au tribunal que comme *simples considérations* contre
le système des collatéraux ; je ne les trouve pas
dans les *conclusions*, et l'avocat en première
instance a bien agi de ne pas les y faire entrer,
comme deux des chefs d'une demande qui serait alors devenue *subsidiaire*, et d'après laquelle il eût paru que les deux fils adoptifs de
M. *Boschet* auraient, sous l'un ou sous l'autre
rapport, consenti à ne recueillir que la moitié
de la succession, tandis que la force de la loi
la leur assure toute entière. Tout ou rien doit
être leur devise ; et quelque conciliateur que
nous soyons par caractère et par devoir, nous
ne saurions blâmer les fils adoptifs de M. Boschet, de répéter, dans le temple de Thémis, le
cri de nos Français au champ d'honneur : la
victoire ou la mort !

L'acte du 4 prairial an 4 ne peut être scindé.
L'adoption qu'il renferme n'était prohibée par

aucune

aucune loi. *Toutes* les adoptions qui avaient eu
lieu dans des actes authentiques, avant la publication du Code civil, sont validées relativement à la capacité des *adoptans* et des *adoptés*,
par la loi du 25 germinal de l'an 11. M. *Tron-*
chet lui-même, qui vota avec éloquence dans
le conseil d'Etat, contre le maintien de l'adoption pour l'avenir, reconnut et proclama, dans
la séance du 27 brumaire de l'an 11, que *l'hu-*
manité réclamait le maintien des adoptions
faites de bonne foi, dans la supposition de la
loi promise (1).

Si par forme d'observations, on fait remarquer les particularités de cette cause, l'injus-
tice du premier jugement qui dépouille ces
deux enfans, serait encore bien plus révoltante,
puisqu'ils avaient été reconnus légalement par
les auteurs de leurs jours, et qu'en vertu de la
loi du 12 brumaire de l'an 2, que l'on ose invoquer contre eux, ils devraient obtenir tous
les effets attachés à la légitimité. L'insupport
entre le sieur Boschet et sa première femme,
la séparation de fait, sont établis au procès. An-
térieurement à la naissance de ces enfans, y

_____

(1) Conférences du Code civil, tom. 2, pag. 307.

D

avait-il eu *instance* en séparation de corps entre les deux époux ? Ce fait est incontestable,
puisque, au sujet de cette instance, il était intervenu entre eux un accord, par suite duquel
ils devaient vivre séparés pendant douze ans;
accord que les prétendus héritiers du sieur *Boschet* ne peuvent pas plus méconnaître, qu'il ne
l'aurait pu lui-même; et dès-lors pourquoi ne
lire, de la loi de brumaire, que l'article 13,
et violer ouvertement l'article 14 ? Pourquoi,
au mépris des droits acquis à ces enfans, en
vertu de cette législation positive, au mépris
de l'article second de ce même Code, qu'on
invoque, *qui ne dispose que pour l'avenir, qui
n'a point d'effet rétroactif* (art. 2 du Code),
vouloir que ce qui a été ordonné pour l'avenir
en l'an 11, détruise ce qui avait été fait en
l'an 4, en force de la législation de l'an 2 ?

Si l'acte authentique du 4 prairial an 4 ne
renfermait pas l'adoption qu'il consacre, si les
enfans n'étaient que *reconnus* et *légitimés* par
M. *Boschet*, dès l'instant qu'ils prouveraient
en fait que leur naissance est *postérieure à la
demande en séparation*, ils devraient encore
aujourd'hui jouir de tous les droits des enfans
légitimes, par cela seul que leur naissance *est
postérieure* à la séparation du sieur Boschet

avec sa première épouse ; car, dans ce cas, la
loi du 12 brumaire leur assure les droits des
enfans naturels ordinaires ; et si, à l'avenir, en
vertu de l'article 331 du Code, les enfans
naturels peuvent être légitimés dans l'acte de
célébration du mariage subséquent de leurs père
et mère, *François-Richard* et *Jean-Frédéric*,
assimilés aux bâtards ordinaires par leur nais·
sance postérieure *à l'instance* en séparation ,
d'après la loi du 12 brumaire an 2, auraient
donc pu être légitimés par le mariage qui avait
eu lieu sept ans avant la promulgation du Code.

Si le Code permet de faire, à l'avenir, ce
ce qu'ils avaient fait , il y avait sept ans quand
il parut, ce qu'ils ont fait, pourrait-il être aujourd'hui aboli par le Code ?

Il est vrai que l'article 331 prohibe la légitimation des enfans adultérins, mais le législateur ne dispose que pour l'avenir. Mais le
fait de la naissance postérieure à l'instance en
séparation, avait fait disparaître la différence ;
et le mariage avait effacé la tache de la naissance.

Il est vrai encore que l'article 1er. de la loi
du 12 brumaire an 2, ne dispose que pour les
successions ouvertes, et qu'au sujet de celles
qui *s'ouvriront à l'avenir,* mais postérieu-

D 2

rement à l'émission du Code civil, elle statue
que *l'état et les droits* des enfans seraient réglés
par ce Code ; mais si c'est en vertu de la loi du
12 brumaire qu'on veut que le Code puisse
prononcer sur le sort de ces deux enfans, peut-
on la scinder cette loi, et faire disparaître de
ses dispositions la CIRCONSTANCE qu'elle avait
prévue, CIRCONSTANCE dans laquelle *Richard*
et *Frédéric* se trouvent ; CIRCONSTANCE qui,
par leur naissance postérieure à l'instance en
séparation, leur garantit le *même état* et les
mêmes droits qu'à l'enfant naturel ordinaire?

Ainsi que le Code, la loi du 12 brumaire
an 2 prohibait la reconnaissance et la légitimation des bâtards adultérins, excepté dans le cas
où la naissance de l'enfant était postérieure à
l'instance en séparation. L'exception ne peut
être séparée de la règle; elle est en faveur de
Richard et de *Frédéric*. Le Code n'a pas ré-
troagi, n'a pu rétroagir; ces deux jeunes gens
étaient donc, avant le Code, légalement reconnus et légitimés dans l'acte de mariage de leur
père; et si ce moyen est péremptoire en faveur
de ces enfans, puisqu'on voulait à toute force
juger d'après la loi de brumaire, le juge pou-
vait-il le méconnaître? Ne devait-il pas le
suppléer d'office ?

La reconnaissance de l'enfant naturel ordinaire était permise par la loi du 12 brumaire ; les effets d'une pareille reconnaissance étaient subordonnés au Code à venir. Le Code a paru. Si la reconnaissance n'est pas suivie du mariage du père avec la mère de l'enfant reconnu, l'enfant a des droits sur la succession de son père, mais il n'est pas son héritier ; si, au contraire, le mariage suit la reconnaissance, ou si elle a lieu dans l'acte de mariage, l'enfant reconnu entre dans tous les droits du fils légitime, et les collatéraux n'ont plus rien à prétendre ; ainsi le dispose le Code. Or, si, d'après la loi du 12 brumaire, les enfans Boschet étaient assimilés aux enfans naturels ordinaires, parce qu'ils étaient nés postérieurement à l'instance en séparation formée, soit par leur père, soit par sa première épouse, le Code civil réglant actuellement les effets de la reconnaissance faite en leur faveur, le 4 prairial an 4, il en résulte qu'ils sont bien reconnus, bien légitimés, et qu'ils deviennent héritiers exclusifs de leur père.

Qu'on ne regarde pas l'assimilation de l'enfant issu d'un père séparé de corps d'avec son épouse, à un enfant naturel ordinaire, comme une innovation de nos législateurs révolutionnaires. Cette distinction n'est pas moderne, et nos rivaux en plus d'un genre, les Anglais, l'avaient faite avant nous, et l'avaient consacrée dans leur législation civile.

Ils ne connaisssent qu'un divorce pour les effets relatifs aux enfans qui naissent après, quoique le divorce soit pourtant chez eux de deux espèces. Ce que nous appelons sépara-tion de corps et de bien, est pratiqué chez eux, et s'appelle divorce, mais divorce quant *au lit et à la table, thoro et mensâ ;* ils ont, en outre, la séparation qui rompt tous les liens du mariage, et qui s'appelle également divorce, c'est-à-dire, que ce nom générique chez eux, comprend la séparation de corps et la dissolu-tion du mariage.

Les enfans naturels qui naissent en Angle-terre, d'un père divorcé, sont purement enfans naturels ; quoique nés d'un père divorcé *thoro et mensâ,* ils ne sont pas enfans *adultérins ;* et si, pour un instant, la même distinction légis-lative a été admise en France, ceux à qui son efficacité peut être utile, ne doivent pas en être privés.

Les collatéraux qui invoquent à leur secours la loi du 12 brumaire, ne peuvent pas en anéantir l'article 14, emprunté momentanément de l'Angleterre; et si la révolution a fait tant de malheureux chez nous, pourquoi refuser à quelques individus le bénéfice d'une législation passagère ?

La loi du 12 brumaire, dans son ensemble, était immorale. Ce n'est pas d'aujourd'hui que je reconnais cette vérité; mais l'art. 14 de cette loi, entendu avec les formalités et les conditions voulues par le Code, au titre des adoptions, n'est point immoral. Cette loi était révolutionnaire! Soit; mais, si l'orage qui a ravagé toute ma commune, n'a fait que donner de la pluie à mon verger, doit-on venir arracher mes arbres ?

Puisqu'on invoque l'esprit et la lettre de la loi du 12 brumaire, qu'on ne confonde pas ses dispositions. Elle a rendu les enfans *Boschet* enfans naturels ordinaires ; et si l'on veut aujourd'hui que l'esprit de l'article 15 de cette loi puisse les affecter, qu'on n'oublie pas l'esprit et les dispositions de l'art. 14, ainsi conçu : « Néanmoins, s'il s'agit de la succession de » personnes séparées de corps par jugement ou » acte authentique, leurs enfans nés hors ma- » riage exerceront tous les droits de successi- » bilité énoncés dans l'article 1er., pourvu que » leur naissance soit POSTÉRIEURE A LA DE- » MANDE EN SÉPARATION. »

C'est sous l'empire de cette loi qu'ils ont été reconnus dans l'acte de célébration du mariage de leurs père et mère. Ils n'étaient plus alors, par la force de la loi, qu'enfans naturels ordinaires. Existe-t-il une loi qui ait révoqué l'article que je viens de transcrire ? Il n'en existe point. Le bénéfice de cette loi leur a donc été irrévocablement acquis au 4 prairial an 4 ; et si, pour l'avenir, le Code n'a pas maintenu dans ses dispositions, la distinction admise par la loi du 12 brumaire, entre les enfans adultérins, ses auteurs ont-ils voulu porter atteinte à des droits acquis sous son empire ?

Mais, quels sont les prétendans à la succession de M. François Boschet ? Sont-ce des enfans issus de son premier mariage ? Non ; il n'en eut jamais de défunte sa première épouse. Sont-ce les auteurs de ses jours ? Ils sont morts. Ce sont des collatéraux, qui, maintenant qu'il n'existe plus, se souviennent qu'ils sont ses parens, pour venir se partager ses dépouilles. Ils veulent que *Richard et Frédéric* soient leurs cousins à toute force, fils réels de M. *Boschet*. Mais, parce qu'alors ils seraient adultérins, c'est-à-dire, dans leur idée spéculative, incapables de leur disputer, à titre de légataires institués, s'il paraissait un titre qui leur con-

férât cette qualité, la succession qu'ils dévo-
rent déjà des yeux, et qui ne se compose que
d'un seul immeuble d'origine nationale; parce
qu'alors ils imaginent que leur adoption, en
cette qualité, sera annullée par la justice; dans
leur avidité, ils ont même oublié de leur offrir
des alimens; car ils n'ont point d'état, sinon la
possession de celle de fils de M. Boschet; c'est
parce que, dans la société, ils en avaient constamment joui, que leurs cousins ont été appelés
dans la garde d'honneur, et qu'ils portent parmi
leurs concitoyens un nom qu'il ne leur est plus
possible de perdre.

Ceux qui veulent dépouiller *Richard* et *Fré-*
déric de l'immeuble que M. *Boschet* a voulu
leur transmettre, trouveront peut-être ces
observations infructueuses et surabondantes;
et ils penseront que si, jusqu'à cet instant,
nous avons gardé le silence sur un arrêt de la
Cour de cassation qu'ils ont invoqué dans la
cause, c'est que nous avons reconnu que cet
arrêt, fixant la jurisprudence sur la matière
que nous traitons, avait porté le coup de mort
aux deux enfans de notre ami.

Qu'ils se détrompent. Nous connaissons cet
arrêt; nous l'avons sous les yeux; et nous
allons l'examiner sous le double rapport de son

afférence au procès actuel, et à la question générale des adoptions intervenues depuis le 18
janvier 1792, jusqu'à la publication du Code.

Oui, la Cour de cassation a, le 23 décembre
1816, en rejetant le pourvoi de François
Thiery, né le 10 fructidor an 2, décidé que
ce bâtard adultérin n'avait pu être adopté par
son père, dans le mariage qu'il contracta avec
sa mère, le 30 pluviose an 6.

Mais y a-t-il, je le demande, identité dans
l'espèce? Quels sont les adversaires de *Thiery*?
Quels sont ceux de Richard et Frédéric? Les adversaires de *Thiery* sont les enfans nés en légitime mariage de son père, avant et après sa
naissance. *Thiery* se présente à la justice, sous le
nom propre de la fille qui lui avait donné le jour,
contre les enfans légitimes de François *Delisle*
son père; c'est sous le premier nom qu'il avait
transigé avec les héritiers de sa mère. Chacun
de ses pas annonce la crainte qu'il a de paraître
tel qu'il est; la société ignore son état.

Les adversaires des enfans du sieur *Boschet*
ne sont point ses enfans; la société a reconnu
Richard et Frédéric pour tels; ils ont joui publiquement, constamment, depuis plus de 20 ans,
des charges et des prérogatives attachées à cette

qualité , et cent actes authentiques constatent ce qu'ils croyaient être et ce qu'ils seront.

Ainsi, par la seule qualité des parties, la différence qu'il y a entre les deux causes est très-grande.

Toujours le législateur a étendu ou restreint la puissance, la capacité paternelle , selon que le père n'avait pas, avait moins, ou avait plus d'enfans.

Or, ces considérations puissantes doivent fortement influer sur la conscience du juge, alors qu'il veut y faire appel, dans ce qu'il croit être l'obscurité de la loi.

Aussi , voyez un des motifs principaux , et le seul réel, sur lequel la Cour de cassation a basé son arrêt de rejet du 23 décembre 1816 : « Considérant *qu'on ne peut supposer* que » le législateur qui a *toujours* si solemnelle- » ment consacré l'incapacité absolue des bâtards » adultérins pour acquérir des droits de filia- » tion et de successibilité, se soit mis en op- » position avec lui-même, en étendant à ces » bâtards la voie indirecte de l'adoption, AU » PRÉJUDICE DES ENFANS NÉS DANS LE LÉ- » GITIME MARIAGE. »

Si François *Thiery* eût eu pour contradic-teurs des collatéraux, et non des *enfans nés pendant le légitime mariage de son père*, les tribunaux lorrains et la Cour de cassation eussent-ils jugé de la sorte? Tous les autres *considérans* qui précèdent ou qui suivent, peuvent être regardés comme se rapportant à celui-là et en découlant, comme créés en faveur des *enfans nés en mariage légitime*. Si le sieur *Boschet* n'a point eu d'enfans légitimes, cet arrêt ne peut alors être invoqué avec succès contre ses fils adoptifs.

Quand les tribunaux ont à prononcer l'égalité entre l'enfant de l'adultère et l'enfant légitime, que la conscience du juge murmure, que la loi lui *paraisse* ne pas dire ce qu'elle a dit, qu'elle soit obscure pour lui, puisqu'il est forcé de recourir à des suppositions pour la mettre en harmonie avec sa conscience, je le conçois; mais cette hésitation n'existe pas, quand le défunt ne laisse, contre le fruit de ses œuvres, que d'avides collatéraux. Et c'est d'autant plus dans le sens que je donne à l'arrêt de la Cour de cassation du 23 décembre 1816, qu'il doit être entendu, que cette même Cour a jugé le 24 novembre 1806, que l'adoption faite par Adrien *Dufay* de *Gaspard*, dit *Dubois*, qu'il avait reconnu pour son fils naturel, le 15 nivose de l'an 9, maintenue par le tribunal de première instance, par la

Cour d'appel de *Caen*, était valable. Lisons les deux motifs qui précèdent son arrêt :

« La Cour, — considérant que les lois ro-
» maines concernant l'adoption, étaient inusi-
» tées en France, tant dans les provinces régies
» par le droit écrit, que dans les pays coutu-
» miers, lorsque l'adoption y a été introduite en
» 1792 ; CONSÉQUEMMENT QU'ELLES SONT
» SANS EFFET, ET INAPPLICABLES A L'ES-
» PÈCE ; »

» Considérant que la loi transitoire du 25
» germinal an 11 veut, SANS DISTINCTION,
» que TOUTE adoption faite par acte authenti-
» que . depuis le 18 janvier 1792, jusqu'à la
» publication des dispositions du Code civil,
» relatives à l'adoption, seront valables, quand
» elles n'auraient été accompagnées d'aucune
» des conditions depuis imposées pour adopter
» ou être adopté ; que dans l'espèce, l'adop-
» tion dont il s'agit est antérieure à la publi-
» cation du Code civil. — QUE LA LOI QUI
» RÉDUIT L'ENFANT NATUREL A UNE POR-
» TION DE L'HÉRÉDITÉ, ET PORTE QU'IL NE
» POURRA , PAR DONATION ENTRE VIFS ,
» OU PAR TESTAMENT, RIEN RECEVOIR AU-
» DELA DE CE QUI LUI EST ACCORDÉ A TI-
» TRE DE SUCCESSION, N'EMPÊCHERAIT PAS

» QU'IL NE PUT ÊTRE PLUS AVANTAGÉ PAR
» L'ÉFFET DE L'ADOPTION SI ELLE A LIEU ;
» qu'ainsi l'arêt attaqué n'a violé aucune loi:
» rejette (1).

Quels étaient les contradicteurs dans cette
cause ? Des collatéraux.

Si , à l'appui de cet arêt, nous relisons celui
que la même Cour rendit le 12 novembre 1811,
et que nous avons littéralement transcrit, pour-
rons-nous douter du véritable esprit de l'arrêt
dont on croit se servir contre *Frédéric* et *Ri-
'chard*, comme de la massue d'Hercule? Car, à
Nice, c'était encore une collatérale qui voulait dépouiller son neveu.

Quand la Cour de cassation a dit, le 23 décembre 1816, que l'*incapacité des bâtards
adultérins les a toujours fait exclure, tant
dans l'ancienne que dans la nouvelle législation*, de l'exercice des droits de *filiation et
de successibilité;*

*Que, quant à cette incapacité, la loi transi-
toire du 25 germinal an 11 a laissé les choses
dans les termes du droit commun;*

Que la loi transitoire du 25 germinal an 11

_____

(1) *Sirey*, *Addition à* 1806, pag. 589.

s'est bornée à valider les adoptions à l'égard des-
quelles on n'aurait pas rempli les conditions
postérieurement imposées par le Code civil.
Comment pourrait-elle avoir supposé un tel esprit au législateur, autrement que dans le cas
où des bâtards adultérins voudraient enlever à
des enfans légitimes, et dont les droits étaient
consacrés d'avance par la sainteté du mariage,
une partie de cette succession que leur qualité
leur assurait toute entière ? Vouloir appliquer
à tous les cas, généralement, les considérans
que nous venons de transcrire, c'est mettre à
l'écart ces mots sacramentaux que nous trouvons dans le considérant du centre, auquel tous
les autres doivent se rapporter, AU PRÉJUDICE
DES ENFANS NÉS DANS LE LÉGITIME MARIAGE.
Soutenir le contraire, serait manquer à la Cour
régulatrice ; car, comment aurait-elle pu dire,
si l'intention que nous lui prêtons était combattue, *que l'incapacité des bâtards adultérins*
les a TOUJOURS *fait exclure, tant dans l'an-*
cienne que dans la nouvelle législation, des
droits de successibilité; *que la loi transitoire du*
25 germinal a laissé les choses dans les termes
du droit commun, alors que c'est par la puissance de son arrêt du 24 novembre 1806, que
le bâtard, reconnu d'*Adrien Dufay*, jouit de

la succesion entière de son père adoptif, en vertu de la loi du 25 germinal, qui ne distingue pas les adoptions entre les bâtards de différente espèce? Comment aurait-elle pu dire que, malgré la loi du 25 germinal, *l'incapacité* des bâtards adultérins *annulle l'adoption dans son essence, et s'oppose à ce qu'une pareille adoption produise aucun effet,* quand cette même Cour a jugé solemnellement que la Cour d'appel d'Aix, en annullant le jugement du tribunal de première instance qui avait consacré ce système, N'AVAIT FAIT QU'UNE JUSTE APPLICATION DE LA LOI DU 25 GERMINAL AN ONZE, *et n'avait pu violer les lois romaines sur l'adoption,* QUI, DEPUIS L'INTRODUCTION DU DROIT FRANÇAIS, ÉTAIENT NÉCESSAIREMENT RESTÉES SANS VIGUEUR DANS LE DÉPARTEMENT DES ALPES-MARITIMES ?

Quand c'est en vertu de l'arrêt de la Cour de cassation, du 12 novembre 1811, que le jeune *Vassai*, bâtard adultérin, jouit de la succession entière de son père ?

Ne serait-ce pas mettre la Cour régulatrice en opposition manifeste avec elle-même, et vouloir établir, par ses propres registres, la variation d'une doctrine qu'il n'entre pas dans ses attributions de changer à son gré ?

C'est

C'est sur la foi de ses arrêts, que les citoyens règlent le sort de leurs plus grands intérêts, que les avocats font reposer la sagesse de leurs conseils. La jurisprudence peut introduire un droit non prévu par la loi ; la jurisprudence peut fixer le sens d'une loi obscure ; mais la jurisprudence, quand la loi est précise, ne peut pas modifier la loi, l'annuller ensuite, et créer enfin une loi nouvelle, en opposition à la loi qu'elle aurait anéantie.

Les pouvoirs sont distincts en France. La Charte a fixé leurs attributions ; il n'entre pas dans celles de l'ordre judiciaire, de modifier la loi, de l'annuller, de la former à son gré. Ce droit n'appartient qu'au Roi et aux deux chambres, réunis. Soutenir que l'arrêt du 23 décembre 1816 doit faire jurisprudence sur la matière générale des adoptions, c'est accuser la Cour régulatrice, d'abord de contradiction, ensuite d'usurpation, par une voie indirecte, de la puissance suprême ; car, c'est dans le pouvoir de faire la loi, que réside la suprême puissance.

Le voilà donc analysé dans son véritable sens, cet arrêt, ainsi que l'avait déjà fait le respectable magistrat qui remplissait les fonctions du ministère public à *Arles* ; cet arrêt qui, à entendre d'avides collatéraux, devait servir de

E

règle unique à la Cour royale de Provence.
Mais cette Cour, qui dans une cause pareille,
en déclarant valable l'adoption d'un jeune infortuné qu'on voulait dépouiller, *ne fit qu'une
juste application de la loi du 25 germinal*,
repoussera de son sanctuaire les nouvelles *Gon-
dolphes* qui viennent s'y présenter.

L'arrêt de la Cour d'appel d'Aix, contre
les prétentions de la dame *Gondolphe*, l'arrêt
de la Cour de cassation qui rejeta son pourvoi,
ont été invoqués en *Lorraine* comme à *Arles*,
par les enfans naturels qu'on voulait exhéréder.
Ils les regardaient, et ils n'avaient pas tort,
comme les plus forts moyens de leurs défenses.
Que pouvaient-ils trouver au-dessus de l'esprit,
de la lettre de la loi, et de la jurisprudence
constante qui les consacrait?

On a dit à *Thiéry*: Les questions soumises au
jugement de la Cour des Bouches-du-Rhône,
n'ont aucun rapport avec votre cause; et d'ailleurs, le jeune *Vassal* avait-il à lutter contre
les enfans légitimes de son père? Cette dernière
exception était nouvelle, elle a pu lui devenir
funeste.

Dans l'ancienne capitale du royaume d'Arles,
on a dit aux jeunes *Boschet*: Vous avez tort
d'invoquer dans ce procès la jurisprudence de la
Cour d'appel de notre ressort: qu'a jugé cette

Cour? Elle a jugé que les lois de France étaient
obligatoires dans le comté de Nice, depuis sa
réunion à la France. Mais la question de savoir
si la loi du 25 germinal an 11 devait faire main-
tenir l'adoption du jeune *Vassal*, n'a pas été
abordée; si elle l'eût été, il eût été jugé que la
loi de germinal n'avait point voulu déroger au
droit commun sur l'incapacité des enfans naturels, qui ne leur permettait pas d'être adoptés.
Et le tribunal a sanctionné ces propositions mal
sonnantes, hérétiques, évidemment contraires en
fait, à la vérité consacrée dans les registres de
cette même Cour !

Ne valait-il pas mieux que le sieur *Delon* et
la dame *Runambert* avouassent de bonne foi
que l'arrêt de la Cour d'appel de Nanci leur
ayant paru introduire une nouvelle jurisprudence, avait éveillé leur désir, et qu'ils avaient
trempé dans les considérans qui précèdent celui
du 23 décembre 1816, les armes dont ils étaient
saisis?

Le ministère public a déjà plaidé la cause
des enfans Boschet une première fois; sa voix
sera la même, nous nous en flattons, en appel;
elle ne sera pas perdue dans la même enceinte
où les *Castillon* ne l'élevèrent jamais en vain; la
bouche du même juge qui prononça l'arrêt du

10 janvier 1809, pourrait-elle jamais valider leur exhérédation ? Il nous est impossible de pouvoir l'imaginer.

Ici se bornent les observations que j'étais forcé de faire en faveur de *Richard et de Frédéric* que j'ai connus dès leur enfance, et auxquels je dois prendre beaucoup d'intérêt par suite de l'attachement que me portait M. Boschet ; je le connaissais depuis plus de vingt ans ; sa séparation avec sa première épouse avait été si réelle, que je n'ai appris qu'à présent qu'il en eût eu une autre que sa veuve actuelle. Je croyais ses enfans nés pendant son mariage, et mon erreur m'était commune avec tous les habitans de Vaucluse, où depuis quelques années il était venu fixer son domicile. Recevoir la copie du jugement qui les exhérède et prendre la plume pour défendre leurs droits, a été une seule et même chose ; mais le désir que j'ai de les voir triomphans ne m'a point aveuglé en leur faveur, au point d'écrire ce que je n'aurais pas cru fondé en droit. J'ai écrit ce que je pensais ; il ne m'est pas possible de penser différemment sur la question qui a été jugée par le tribunal de première instance d'Arles. Seulement, en analysant l'arrêt de la Cour de cassation, du 25 novembre 1816, j'ai trouvé, dans l'esprit de cet arrêt, une dis-

tinction, qui vraisemblablement était dans l'esprit
des jurés qui l'ont rendu ; et sous ce rapport,
je n'ai point combattu ce nouveau monument de
jurisprudence, parce que, dans l'intérêt des enfans adoptifs de mon ami, cet arrêt alors ne leur
était pas contraire.

Mais, quand je l'ai examiné en homme de loi,
après avoir quitté ma robe, quelles sont les ré-
flexions que m'en suggère la lecture, tout en lui
donnant le sens que je lui suppose ? J'ai cru que
leur manifestation ne serait point oiseuse, et
qu'elles sont conformes aux règles du droit; je
les soumets à la critique des jurisconsultes.

La question qui est traitée dans cet arrêt,
est majeure. Elle intéresse beaucoup de Français qui, sur la foi de la loi du 25 germinal de
l'an 11, et de la jurisprudence qui l'avait suivie,
jouissaient en paix d'un bien dont ils se croyaient
et dont ils étaient, d'après la loi, légitimes et
tranquilles propriétaires. Cet arrêt, mal entendu par de nombreux collatéraux, peut devenir un brandon de discordes et de troubles
dans bien des familles. En lui donnant même le
sens le plus favorable possible, et qui est celui que j'ai appliqué à la cause des *enfans*
Boschet, il n'en est pas moins vrai qu'il éta-
blirait une distinction entre les adoptions faites
depuis le 18 janvier jusques à la publication

du Code, et que la loi du 25 germinal an 11 n'en admet point. Or, toute distinction est prohibée là où la loi ne distingue pas ; et cette maxime, pour être triviale au palais, n'en est pas moins incontestable, *quand le texte de la loi est clair, toute discussion sur son esprit est inutile*. (1). Il n'est pas permis d'entendre la loi du 25 germinal avec des restrictions qu'elle ne présente pas. Plusieurs arrêts solemnels, rendus par diverses Cours souveraines, ont jugé qu'un enfant naturel, même adultérin, avait pu être adopté par son père ; que l'article 1er. de la loi transitoire de 25 germinal avait déclaré valables toutes les adoptions faites par actes authentiques, depuis le 18 janvier 1792, jusques à la publication du Code ; qu'il est évident que, par le mot TOUTES, la loi transitoire a exclu formellement les restrictions que la législation ancienne, quoique non connue en France, avant la révolution, pouvait mettre à la faculté *d'adopter* ou d'être *adopté* ; cette vérité avait été consacrée par la Cour de cassation, jusques au 23 décembre dernier, autant de fois que, par des recours, elle avait eu à prononcer sur cette question ; et si l'on ne trouve, dans le sixième des onze *considérans*

_____

(1) Arrêt de la Cour de cassation, du 6 janvier 1808 ; Sirey, tom. 8, pag. 92.

qui précèdent l'arrêt du 23 décembre 1816, l'esprit que j'y ai aperçu, il est incontestable que cet arrêt serait, dans ses motifs et dans son dispositif, manifestement en contradiction avec les arrêts qu'elle avait rendus sur la même matière.

On disait autrefois : les hommes passent, la loi reste. L'immuabilité est en effet le propre de la loi ; l'inconstance celui de l'homme. L'une aurait-elle pris la place de l'autre ? En serait-il de la jurisprudence comme des couleurs qui flottent sur le faîte de nos tours ? Mais dans ce dernier cas, la volonté royale s'est manifestée, et dans l'autre elle serait violée ; car, jusques à révocation, les lois qui existaient en 1814, doivent être exécutées, ainsi qu'elles l'avaient été par le passé. Ainsi le dispose la charte.

L'institution de la Cour de cassation a été respectée, parce qu'elle est grande et utile ; le le nom de l'infortuné Louis XVI est attaché à la loi qui la crée ; l'idée d'une jurisprudence fixe et régulatrice devait suivre la volonté que ce monarque avait manifestée de l'unité de la législation pour tout le royaume. Peut-on méconnaître cette volonté primitive ? L'un des trois grands pouvoirs distingués par toutes nos constitutions, peut-il sortir du cercle de ses attributions, et de simple exécuteur passif de la loi, en devenir l'interprète, le réformateur, le créateur ?

La conséquence d'un tel système aurait encore, dans l'espèce que nous examinons, le funeste inconvénient de rétroagir, au point de porter atteinte à des droits acquis. Il est certain que plusieurs enfans naturels, adoptés par leurs pères, lors de l'ouverture de leur succession, se sont mis librement en possession de leurs biens, au vu des héritiers collatéraux qui, d'après la législation et la jurisprudence, ont cru devoir garder un silence profond. Ces enfans ont vendu ce patrimoine ; les acquéreurs qui ont cru, d'après la même législation, la même jurisprudence, acheter des véritables propriétaires, seraient donc exposés à être indignement dépossédés ? Un père de famille a pu, en considération de la fortune d'un tel fils adoptif, lui donner sa fille en mariage, lui constituer une dot qui eût reposé sur une hypothèque alors réelle ; pourrait-elle ensuite devenir idéale ? Pourrait-il ne plus rencontrer dans son gendre qu'un bâtard déshonoré, et dans ses petits-fils que d'obscurs misérables sans nom ?

Pour échapper à toutes ces funestes conséquences, et à toutes celles qui pourraient

grossir encore cet écrit, et qui se présentent
d'elles-mêmes à l'esprit du lecteur, il faut donc,
à notre tour, supposer que nous ne connaissons
pas toutes les particularités de faits que le procès du jeune *Thiéry* comporte, lorsque, au-
lieu de *casser* l'arrêt rendu par la Cour d'appel de *Nanci*, la Cour régulatrice a rejeté son
pourvoi ; soutenir qu'un arrêt unique, dont les
considérans ne peuvent être pris à la lettre,
ne forme point la jurisprudence, puisque, d'a-
près la définition des auteurs, pour qu'il y
ait jurisprudence sur un point de droit, d'a-
bord obscur et contesté, il faut qu'il ait *tou-*
jours été décidé de même par les juges, *per-*
petuo similiter judicatum. Quand une loi claire
et précise existe, c'est d'après la loi qu'on doit
juger *non exemplis, sed legibus judicandum*.
Les juges les plus instruits, les plus intègres,
le plus au-dessus des passions et des préjugés,
ne sont pas exempts des faiblesses attachées à
l'humanité ; en s'imposant la nécessité de ne
plus s'écarter d'un arrêt une fois rendu, il ne
serait pas possible de revenir contre une erreur, alors même qu'on la reconnaîtrait, alors
même qu'elle serait démontrée par plusieurs
arrêts antérieurs qui consacreraient la lettre et
l'esprit de la loi. Il est donc vrai que chaque

question doit être jugée comme si elle était vierge. La moindre diversité dans les faits, en opère une très-grande dans le droit, et la raison écrite veut que ce qui a été décidé dans une cause étrangère, ne puisse ni servir, ni nuire.

La loi transitoire du 25 germinal de l'an 11 est spéciale aux adoptions, antérieures au Code, quelle que fût la *capacité* ancienne pour pouvoir adopter, ou pour pouvoir être adopté. Quelle que soit, pour l'avenir, cette capacité respective, n'importe, elle valide *toutes* ces adoptions écrites dans des actes authentiques.

Le juge qui se trouve dans le cas de l'appliquer, n'a qu'un acte matériel à faire, vérifier les dates et fixer les yeux sur la loi (*Judex oculos in leges conjiciat,* novel. 149, ch. 1er.). C'est elle qui valide ces adoptions. Une fois que les *faits* de la cause sont avérés, une fois qu'il est constaté en fait, que l'adoption a eu lieu par un acte authentique, qu'il est à une date postérieure au 18 février 1792, et antérieure à la publication du Code, le juge n'a plus à chercher le sens de la loi applicable à ces faits, à s'occuper des conditions voulues *avant* ou DEPUIS, pour *adopter* ou être *adopté*. Elle a tout prévu, puisqu'elle valide *toutes* les adoptions qui ont été faites dans ce laps de temps.

D'après les principes que nous venons de développer, nous paraît-il donc que l'arrêt de la Cour de cassation du 23 décembre 1816, soit contraire à la disposition de la loi du 25 germinal de l'an 11 ? Sur le simple exposé des motifs de cet arrêt, tels qu'ils se trouvent dans le dix-septième volume de *Sirey*, aux pages 165 et 166, nous n'hésitons pas à répondre affirmativement.

Dans le sens même que nous prêtons à l'intention des magistrats qui l'ont rendu, et qui tendrait à introduire une jurisprudence par suite de laquelle les adoptés jouiraient du droit des enfans légitimes, quand ils n'auraient pas à partager la succession de l'adoptant avec ses propres enfans, nous ne trouverions pas moins une violation de la loi du 25 germinal ; la raison de notre opinion est simple ; c'est que la loi du 25 germinal ne fait pas cette distinction et qu'elle est absolue dans ses dispositions.

Depuis la publication du titre du Code civil sur le divorce, a-t-on jugé que les divorces antérieurs pourraient avoir leurs effets conformément à ce Code ? Non. On a toujours pensé qu'ils devraient avoir leurs effets conformément aux lois qui existaient avant cette publication. Pourquoi ? Parce que la loi transitoire spéciale

du 26 germinal an 11, avait statué dans son article unique : Tous *divorces prononcés par
des officiers de l'état civil ou autorisés par jugement, avant la publication du titre du Code
civil relatif au divorce, auront leurs effets conformément aux lois qui existaient avant cette
publication.* Si le mot générique *tous* ne laisse
ouverture à aucune distinction, d'après la loi
du 26 germinal, comment le même *terme* pourrait-il en être susceptible dans la loi de la
veille ?

Cette distinction serait, en outre, proscrite
en toutes lettres par cette loi elle-même, en son
troisième article ; car lorsque le législateur a
dit que les droits de l'adopté réglés par *acte
authentique, dispositions entre-vifs ou à cause
de mort,* seraient *exécutés selon leur forme et
teneur,* lorsqu'ils ne léseraient pas la *légitime
d'enfans,* il a donc voulu dire que l'adoptant
avait pu adopter, encore qu'il eût des enfans !
Or, si la loi elle-même reconnaît virtuellement
l'adoption faite par un père de famille qui
avait des enfans légitimes, comment créer une
distinction qui lui eût enlevé la faculté de
l'exercer ?

Ainsi que les adversaires particuliers que
j'ai combattus, on dira : « La loi du 12 bru-

maire an 2, qui était si favorable aux enfans naturels, avait proscrit la reconnaissance des bâtards adultérins ;

Elle avait permis la reconnaissance des enfans naturels, et renvoyé au Code civil le réglement des droits de ces enfans naturels, dont le père et la mère seraient encore vivans lors de sa promulgation ;

Le Code civil a réglé ces droits ;

Les enfans naturels ordinaires pourront être reconnus et légitimés dans l'acte même de célébration du mariage de leurs père et mère ;

Il a prohibé cette reconnaissance en faveur des enfans adultérins ;

Il assure une légitime aux enfans naturels reconnus, quoique non légitimés par mariage subséquent ;

Il n'accorde que des alimens aux bâtards adultérins ;

Le législateur de l'an 2, en renvoyant au Code civil le réglement des effets des reconnaissances faites en faveur des enfans naturels, s'est identifié avec le législateur qui rédigerait le Code civil ;

Le législateur qui a fait le Code civil est le même qui a fait la loi du 26 germinal ;

Le même esprit n'a pu produire deux lois

qui se trouveraient entr'elles en contradiction manifeste;

Puisque l'enfant adultérin ne peut recevoir que des alimens, d'après la loi de brumaire an 2, ainsi que d'après le Code, il n'a pas été permis, postérieurement au 12 brumaire an 2, il ne le serait pas à l'avenir, de prendre une voie indirecte, pour lui transmettre plus que la loi ne permettait ou ne permet de lui donner;

L'adoption serait une voie indirecte, tant pour le passé que pour l'avenir. »

Voilà certainement le système contraire dans toute sa force.

Eh bien! ce système ne peut pas être soutenu, si l'on est de bonne foi.

Quand le législateur de l'an 2 renvoyait le règlement des droits des enfans naturels dont les père et mère seraient encore vivans, aux dispositions à venir du Code civil, son intention n'était pas que ces droits pussent être autres que ceux qu'il venait de déterminer pour ceux de ces enfans dont les père et mère étaient morts depuis le 14 juillet 1789; car si on ne doit pas, en effet, supposer une absurdité dans une loi, on conviendra qu'il serait absurde que le législateur eût voulu que les enfans naturels pussent succéder à leurs père et mère, alors qu'ils étaient morts, et qu'ils ne pussent être leurs héritiers, si leurs père et mère venaient à décéder, le lendemain, huit jours, un mois, deux ans, neuf ans, après le 12 brumaire de l'an 2.

A cette époque, le comité de législation était chargé de la rédaction de ce Code civil, et ce fut sur la proposition de ce même comité de législation que fut rendue la loi du 12 brumaire, dont l'article 10 a fourni aux adversaires l'établissement de leur systême. Donc, dans l'esprit du législateur de l'an 2, ce n'est pas le Code actuel qui devrait régler le sort de ces enfans.

Le rapporteur du comité de législation disait, le 21 août 1793 :

« Si la loi place tous les enfans sous la bien-
» faisante tutelle de ceux qui leur ont donné
» l'être, elle a dû porter ses regards sur une
» classe d'infortunés, depuis long-temps vic-
» times du préjugé le plus atroce.

» La bâtardise doit son origine aux erreurs
» religieuses et aux invasions féodales. Il faut
» donc la bannir d'une législation conforme à
» la nature. Tous les hommes sont égaux devant
» elle ; pourquoi laisserions-nous subsister une

» différence entre ceux dont la condition de-
» vrait être la même.

» Nous avons mis au même rang tous les
» enfans qui seront reconnus par leur père ;
» mais, en faisant un acte que la justice récla-
» mait, nous avons dû prévenir les fraudes et
» les vexations. Ces motifs nous ont déter-
» minés à exiger que la déclaration du père
» fût toujours soutenue de l'aveu de la mère,
» comme le témoin le plus incontestable de la
» paternité. »

La discussion s'ouvre. Plusieurs articles de
ce Code sont adoptés, quand le ministre de la
guerre annonce que le général Gilot a été
nommé général en chef de l'armée du Rhin, à
la place du général *Beauharnais* qui a donné
sa démission (1)..... Quelle incohérence !

Il n'est plus question du Code civil que par
intervalle, d'année en année. La Convention se
sépare, et la législation promise n'arrive pas.
La constitution de l'an 8 remplace celle de l'an
8. Le chef du Gouvernement, avide de toute
espèce de gloire, veut avoir celle d'avoir donné
ce Code tant promis ; mais, on avouera avec
moi, qu'il y eut autant de différence entre
l'esprit du Code publié en l'an 11, et celui dont

----

(1) *Moniteur* du 21 août 1793.

on s'occupait en l'an 2, et auquel le législateur de brumaire entendait se rapporter, qu'il
s'en trouva alors entre le représentant *Cambacérès* et *son altesse sérénissime.*

Semblable à cette partie de l'Océan où
régnent des tempêtes presque continuelles, la
Convention nationale, sans cesse agitée par
les orages révolutionnaires, ne s'occupa qu'à
lutter, d'heure à heure, contre les vagues sou-
levées contr'elle, jusqu'à ce qu'enfin elle fût
engloutie avec les matériaux non encore réunis
de ce même Code, à la confection duquel elle
avait ordonné à son comité de législation, de
travailler sans relâche.

L'Assemblée législative avait consacré en
principe, le 18 janvier 1792, que l'adoption
serait introduite en France, en chargeant son
comité de législation de comprendre *l'adoption dans le plan général des lois civiles.* Le
25 janvier 1792, elle avait chargé le même
comité de lui présenter incessamment un rapport sur les adoptions.

Les mêmes causes qui empêchèrent le législateur de tenir ce qu'il avait annoncé le 12 brumaire de l'an 2, retardèrent la loi qui devait
régler la forme, les conditions des adoptions,
et les droits qui devaient y être attachés.

F

Cependant, en vertu de la loi du 12 brumaire, plusieurs reconnaissances avaient eu
lieu. En vertu des lois qui donnaient le pouvoir d'adopter, depuis le 18 janvier 1792, bien
des adoptions avaient été faites.

Les effets de ces reconnaissances, les effets de
ces adoptions étaient en suspens quand le législateur, qui avait succédé à celui de 1792 et de
1793, donna à la France les *titres VII et VIII*
de son Code. Ces titres ne disposaient que pour
l'avenir. Il fallut donc s'occuper du passé, et
combler la lacune causée par la tourmente.

Le législateur y pourvut par deux lois tran-
sitoires. La loi relative aux *effets* des reconnaissances, suspendus par l'article 10 de la loi de
brumaire an 2, est du 24 floréal an 11 ; celle
relative aux adoptions permises par la loi du
18 janvier 1792, est du 25 germinal de la même
année.

Ainsi, les reconnaissances d'un côté, les
adoptions de l'autre, ont été deux choses bien
distinctes dans l'esprit du législateur conven-
tionnel, comme dans celui du législateur qui
lui a succédé.

Sans doute la loi du 24 floréal an 11 a été
moins favorable aux enfans naturels, que ne
l'eût été pour eux le Code promis par le légis-

lateur de l'an 2 ; mais la loi est faite, il faut l'exécuter. Ainsi, toutes les contestations qui pourraient s'élever au sujet des droits qu'un enfant naturel ordinaire pourrait réclamer, en vertu de *l'article 10* de la loi du 12 brumaire an 2, doivent être jugées d'après les dispositions de la loi transitoire spéciale à cette matière, du 24 floréal de l'an 11.

De même, toutes les contestations relatives à la capacité pour *adopter* ou pour être *adopté,* alors que les adoptions ont eu lieu avant la publication du Code, doivent être jugées d'après la loi du 25 germinal de l'an 11, spéciale à ces sortes d'adoptions.

Mais les droits acquis d'après l'une ou l'autre de ces deux lois, ne peuvent être méconnus : ainsi le disposent formellement ces lois mêmes.

Mais ces deux lois ne doivent pas être confondues.

On ne peut chercher de l'analogie qu'entre deux lois rendues sur la même matière. Ainsi, on peut discuter jusqu'à quel point l'esprit de la loi du 12 brumaire de l'an 2, se rapproche ou s'éloigne de l'esprit de la loi du 24 floréal de l'an 11. On peut également raisonner du rapport qui peut exister entre les lois relatives à l'adoption avant le Code, et la loi spéciale

du 25 germinal. Mais les principes s'élèvent
contre tout système qui tendrait à argumenter,
par analogie, d'une espèce à une autre, d'un
cas à un autre, d'une législation spéciale sur les
reconnaissances, à la loi spéciale sur les adoptions ; enfin, les principes résistent à ce qu'on
puisse réunir et confondre ce que le législateur a voulu séparer et distinguer.

Et pourquoi agir en sens inverse ? Pour nuire
à des personnes en faveur desquelles ces lois
ont été faites. Ah! dans ce cas, s'il est permis
aux juges d'interpréter les lois, c'est pour en
faire triompher la volonté : ainsi le veulent la
justice, le bon sens universel, la raison écrite :
Benignius leges interpretandæ sunt quo vo-
luntas earum conservetur. (L. 22 , ff. 8.)

« Le terme *benignius,* disent les auteurs des
» *Pandectes* et la raison, doit s'entendre du
» sens le plus avantageux, le plus favorable,
» toutes les fois que, par là, on ne blesse pas
» la loi. Ainsi la légitimation, par mariage sub-
» séquent, des enfans nés d'une concubine, a
» lieu, soit qu'il y ait enfans ou non du ma-
» riage (1). UNE SUITE DE CE PRINCIPE EST
» QU'IL NE FAUT JAMAIS FAIRE TOURNER AU

_____

(1) Tom. 1, pag. 395.

» PRÉJUDICE DE CERTAINES PERSONNES , LE
» DROIT INTRODUIT EN LEUR FAVEUR. »
Nulla juris ratio, aut æquitatis benignius patitur, ut quæ salubriter pro utilitate hominum introducuntur, EA NOS, DURIORE INTER-PRETATIONE CONTRA IPSORUM COMMODUM PRODUCAMUS AD SEVERITATEM.

Ainsi, d'après la loi du 12 brumaire de l'an 2, les droits des enfans adultérins nés avant la publication du Code, sur la succession de leurs père et mère, se réduisent à des alimens, qui, dans ce cas, se composent du tiers de ce qu'ils auraient eu s'ils eussent été légitimes. Pourquoi? Parce que l'article 13 de la loi de brumaire dispose positivement, et n'a rien de commun avec l'article 1er. de la même loi.

Ainsi, d'après l'article 14 de cette même loi, il est certain que si l'enfant adultérin est né après la séparation de corps, ou même après l'instance en séparation, ses droits sont devenus, à la publication de cette loi, exactement les mêmes que ceux des enfans naturels ordinaires; qu'en appliquant aux enfans Boschet ces principes, ils ont pu être légitimés par mariage subséquent; et qu'en l'état actuel de la législation, s'il n'y avait pas eu légitimation par mariage subséquent, mais simple reconnaissance, la moitié de la succession leur reviendrait, si leur père était mort *ab intestat.*

Faut-il que je revienne encore sur l'effet que doit avoir la loi du 25 germinal, à l'égard de ceux qui se trouvent dans les cas qu'elle a prévus? Je crois avoir démontré jusqu'à l'évidence, et certainement trop longuement, qu'il n'est pas possible, à moins de vouloir en prononcer la révocation implicite, mais cependant réelle, de soutenir que sa puissance doive être subordonnée à celle du Code civil.

« Mais, avance-t-on, cette loi n'a pas dit
» que, contre la teneur de la Novelle 74, les
» législateurs de 1792, du 12 brumaire an 2, du
» 25 germinal an 11, aient entendu permettre
» *l'adoption* de l'enfant naturel ; alors l'enfant
» naturel n'a pas cessé d'être incapable de re-
» cevoir par *l'adoption*, au-delà de ce que les
» lois lui attribuent en cette qualité. »

Et très-certainement, nos législateurs révolutionnaires, intermédiaires, définitifs, n'ont pas parlé de la Novelle 74. Mais l'adoption était-elle admise en France? Non. Si elle ne faisait pas partie de notre ancienne législation, soit en pays de droit écrit, soit en pays coutumier, fallait-il y déroger par un article spécial de nos lois?

L'adoption fut-elle, dès le 18 janvier 1792,
une innovation législative en France? Oui, très-
certainement. Alors, la Novelle 74 est aussi étrangère à notre adoption que ce que nous le sont les
lois de la Chine. Qu'importe à notre question que
l'empereur Justinien ait défendu de transmettre
son bien à son enfant naturel par l'adoption, au
lieu de la légitimation? Il s'agit ici de savoir ce
que le législateur a dit, quand il a validé
TOUTES les adoptions faites en France avant le
Code. Or, qu'on définisse le mot sacramentel
TOUTES, qu'on interroge le président de l'Aca-
démie française et le dernier de nos bédeaux,
la réponse sera la même : *Qui dit* TOUT *n'ex-*
cepte rien. S'il fut jamais une absurdité dans
un système, ce serait de prétendre user d'une
loi qui valide TOUTES les adoptions, pour annuller les quatre-vingt-dix-neuf centièmes de
ces mêmes adoptions. L'abbé *Sicard* fait entendre les sourds et parler les muets; mais ils
ne sont que sourds et muets de naissance. J'ai
été témoin de ce prodige ; je défie à son génie
de faire entendre à des collatéraux, sourds vo-
lontaires, ce qu'ils ne voudront pas comprendre.

Puisque le législateur a introduit l'adoption,
il doit nécessairement y avoir une différence

entre l'enfant naturel adopté, et l'enfant naturel qui ne l'a pas été.

La loi n'a prohibé l'adoption *pure et simple*, ni de son enfant naturel ordinaire, ni de son enfant naturel adultérin, pas plus que celle d'un neveu ou d'un étranger à sa famille ; le législateur a validé TOUTES les adoptions qui avaient été faites. La prohibition actuelle serait donc une innovation judiciaire, en l'absence d'une prohibition législative. Une prohibition pareille ne serait-elle pas une monstruosité ?

~~~~~~

CHAPITRE II.

―――

DE L'ADOPTION DES ENFANS NATURELS, SOUS L'EMPIRE DU CODE.

Jᴇ viens à l'examen de la question relative à l'adoption des enfans naturels sous l'empire du Code.

Examiner cette question sous le point de vue des enfans naturels ordinaires, c'est la traiter également dans l'intérêt des enfans adultérins; car si le Code prohibe, il prohibe tant contre l'enfant naturel ordinaire, que contre l'enfant naturel adultérin; et s'il ne prohibe pas contre l'un, il ne prohibe pas contre l'autre.

M. le procureur-général près la Cour de cassation, dans son réquisitoire du 14 novembre 1815 (1), a dit tout ce qu'il était possible de

―――――――――――――――――――

(1) Ce réquisitoire est tout entier dans le seizième volume de Sirey.

dire, et dans un style noble, pour établir que par le Code civil, l'adoption de l'enfant naturel était prohibée.

A cet effet, ce magistrat a développé quel était l'esprit et la lettre de la loi romaine sur les adoptions, et il a reconnu que sous cette législation, il était permis de légitimer par un mariage subséquent avec sa concubine, son enfant naturel ; mais il dit qu'il n'était pas permis de *l'adopter ;* et de cette législation romaine, il a conclu que la légitimation par adoption ne pouvait non plus être permise en France.

Mais peut-on avec justesse, avec vérité, assimiler l'adoption introduite en France par la révolution, à l'adoption introduite à Rome dans les beaux jours de la république, c'est-à-dire à l'époque où ses sénateurs étaient comparés à des Dieux, et Rome à un vaste temple ?

Il est reconnu que l'adoption des Romains a peu d'analogie avec la nôtre ; mais quand ce magistrat dit *que les Romains auraient cru absurde de mettre en question si l'on pouvait adopter son enfant naturel, qu'une telle pensée ne leur est jamais venue dans l'esprit*, la loi 46, au Digeste, la loi 8 du Code, qui permettaient l'adoption de l'enfant naturel, même celui né d'un esclave, lequel conservait alors

l'état et la qualité d'affranchi, ont été effacées
de sa mémoire et y ont été remplacées par le
chapitre 3 de la Novelle 74, qui prohibe une
telle adoption.

Mais jamais l'adoption ne fut introduite en
France, avant la révolution, ou du moins, si
dans les premiers temps de la monarchie, on pra-
tiqua une espèce d'adoption, elle tomba en dé-
suétude absolue, puisqu'il n'en fut plus question dans les capitulaires de *Charlemagne*, et
que depuis douze siècles on n'en avait pas entendu parler ; et relativement à ce point de notre
histoire judiciaire, qui ne saurait être contesté,
je demanderai encore aux commentateurs de
la loi du 25 germinal, ce que cette loi pouvait
laisser *dans les termes du droit commun*, relativement à l'incapacité de l'adoption, quand
l'adoption n'existait pas dans notre ancien droit
commun ?

Ce n'est donc pas dans la législation romaine
que nous devons chercher quel a été l'esprit
du législateur français sur l'adoption, puisque
cette législation antique ne recevait point d'application chez nous. Il est inutile alors de donner, d'une chose qui n'est pas la même chose,
la même définition que de l'ancienne chose avec
laquelle la nouvelle n'a que quelques points de

contact. L'explication que donnait *Cujas* pouvait être fort bonne relativement à l'adoption des premiers Romains, qui n'usaient ordinairement de l'adoption que lorsqu'ils n'avaient point d'enfans, comme à celle de Justinien qui abrogea la faculté d'adopter son enfant naturel ; mais, nous ne pouvons juger de notre espèce d'adoption, que par la lettre et l'esprit de la loi qui l'a introduite et maintenue chez nous.

Et d'abord, trouvons-nous dans la législation que nous appelons intermédiaire, la faculté de pouvoir adopter ? L'affirmative est avouée.

Trouvons-nous dans cette législation intermédiaire, la prohibition formelle de pouvoir adopter notre enfant naturel ? Non, cette prohibition ne se rencontre nulle part. Or, n'est-il pas de principe que tout ce qui n'est pas défendu par la loi, est permis ?

Osera-t-on soutenir que si cette prohibition n'était pas écrite dans un article formel de la loi, elle résulterait de son esprit ? Voudra-t-on encore ici appliquer aux adoptions la loi du 12 brumaire de l'an 2, et trouver dans son article 10, dont l'effet était suspensif, relativement aux droits successifs futurs des enfans naturels ordinaires, dont l'état n'avait pas changé, des argumens contre les enfans naturels qui auraient

été adoptés ? Mais cette amalgame ne pourrait se
soutenir ; mais cet appel à la loi de brumaire ne
pourrait même se rapporter qu'aux bâtards adultérins, et non aux bâtards ordinaires, puisque
ceux-ci pouvaient être légitimés, d'après la loi
de brumaire an 2 ! Et M. le procureur général
a reconnu lui-même que les adoptions antérieures au Code, avaient dû *être jugées d'après
la loi transitoire* du 25 germinal ; et c'est en
vertu de cette même loi que vingt arrêts ont
jugé que l'enfant naturel avait pu être adopté
par son propre père.

Ainsi, sans crainte d'être démenti par l'honnête homme, par le magistrat intègre, par le
savant jurisconsulte que j'ai l'honneur de combattre, je puis assurer qu'il est reconnu qu'avant
la publication du Code, on a eu, par la législation, capacité pour adopter l'enfant naturel, et
que celui-ci avait capacité pour être adopté ;
que n'y ayant pas de distinction entre les espèces de bâtardises, le bâtard, quel qu'il fût,
avait capacité pour être adopté. Alors la
définition que *Justinien* fait de la loi prohi-
bitive de l'adoption des enfans naturels, qu'il
venait de rendre, ne peut pas convenir à notre
loi sur l'adoption, qui ne la défend pas.

Si, de cette législation intermédiaire, nous
passons à notre législation actuelle ; si nous

l'examinons avec cette attention que réclame l'importance du sujet que nous traitons, que trouvons-nous dans le titre 8, qui traite de l'adoption? Nous y trouvons les formalités et les conditions requises relatives à l'adoption.

Qu'on veuille bien observer que le législateur du Code ne donne pas l'adoption comme un droit nouveau pour la France. Il la trouve établie, et il règle ce que le législateur intermédiaire, qui l'avait introduite, avait promis de faire, et ce qu'il n'avait pas fait.

Il fait deux lois ; l'une, pour les adoptions antérieures ; l'autre, pour les adoptions futures.

Par la première, il valide tout ce qui a été fait ;

Par la seconde, il détermine ce qui devra se faire, et les conditions pour pouvoir faire. Dans ce dernier cas, sa pensée se porte tout de suite vers la capacité pour pouvoir adopter. L'article 1er. statue que celui qui aura *des enfans ou des descendans légitimes*, ne pourra pas adopter.

Le second article renvoie encore, pour avoir la capacité d'adopter sans le concours de son conjoint, à l'article 366, qui subordonne cette capacité à la même condition que l'article précédent, c'est-à-dire, que pour que le tuteur officieux puisse adopter, au cas prévu par cet article, par acte testamentaire, il faut qu'il n'ait point *d'enfans légitimes.*

L'art. 3 rend encore incapable d'adopter celui même qui aurait sauvé la vie à l'adoptant, si celui-ci A DES ENFANS LÉGITIMES.

Le premier article du chapitre suivant, *sur la Tutelle officieuse qui conduit à l'Adoption,* subordonne encore la capacité de s'attacher un mineur par un titre légal, à la condition de ne point avoir D'ENFANS LÉGITIMES.

On voit aisément, par ces articles, l'intention du législateur. Nul citoyen français âgé de moins de cinquante ans, ne peut adopter.

Pour pouvoir adopter, il faut ne point avoir D'ENFANS LÉGITIMES; il faut de plus le consentement du conjoint, s'il est vivant.

Ainsi, la pensée du législateur jaillit, dès le début de sa loi, en faveur DES ENFANS LÉGI-TIMES.

Mais lorsqu'il n'y a pas d'enfans légitimes, quelle capacité exige la loi pour pouvoir être adopté?

Pour pouvoir devenir fils adoptif, il faut avoir quinze ans de moins que l'adoptant, n'avoir encore été adopté par personne, avoir reçu dans sa minorité, et pendant six ans au moins, des secours et des soins non interrompus, être

majeur ; si l'adoptif n'a point accompli sa vingt-
cinquième année, il devra rapporter le consentement à l'adoption de ses père et mère, ou du
survivant d'entr'eux ; et s'il est majeur de vingt-
cinq ans, il devra requérir leur conseil. A défaut de père ou de mère, au cas de l'adoption
par le moyen de la tutelle officieuse, si l'enfant
n'a point de *parens connus*, il devra rapporter
le consentement des administrateurs de l'hospice où il aura été recueilli, ou de la municipalité du lieu de sa résidence.

La qualité d'enfant naturel est-elle rangée au
nombre des incapacités ? Non. Elle n'est pas plus
établie dans la nouvelle législation que dans la
législation intermédiaire.

Or, je répète ici notre ancienne maxime de
droit, qui consacre le principe, que le législateur a voulu tout ce qu'il n'a pas défendu.

Mais lorsque le législateur exige d'un adoptant qu'il ait, *pendant six ans au moins, fourni
des secours ou donné des soins non interrompus dans sa minorité*, à l'enfant qu'il ne pourra
adopter que lorsqu'il sera devenu majeur, où
trouver ailleurs que dans un père la volonté de
se soumettre à ces formalités ? Quel est le but
de celui qui adopte ? De transmettre ses biens à
celui qu'il a adopté. Or, tout citoyen qui n'a

pas

pas d' nfans, est libre de disposer de la totalité
de ses biens en faveur de qui il lui plaît. Soit
de son vivant, soit après sa mort, le donataire
ou l'héritier qu'il choisira, recueillera tout ce
qu'il voudra lui donner. Est-ce pour perpétuer
son nom? Mais où est la prohibition d'imposer
à son donataire ou à son héritier, la condition
sine quâ non, d'ajouter le nom de son bienfai-
teur à celui qu'il avait reçu de son père ? L'article 347 du Code ne donne pas un plus fort
droit à l'adoptant. Pourquoi donc faire un cir-
cuit par un chemin tortueux, embarrassé, alors
que la route est droite et unie ?

Mais un père qui a une fortune immobilière,
qui n'a point d'enfans légitimes, qui tient au
manoir de ses ancêtres, qui a le *vice* d'une naissance à *réparer*, qui est honnête homme, et
pour lequel alors la tendresse paternelle n'est
pas une chimère, se soumet, et peut seul se
soumettre à des formalités longues et coûteuses ;
elles ne sont nécessaires, obligatoires que pour
lui ; car lui seul, par le vice de la naissance
de son fils, ne peut lui transmettre son entier
patrimoine, et ce ne peut être que pour qu'il
pût le lui transmettre, sans toutefois favoriser
le célibat, le concubinage et l'adultère, que
le législateur a pu introduire des conditions de

G

capacité, qu'il n'était donné qu'à l'amour pa-
ternel de remplir.

Tel fut le véritable esprit du législateur :
l'expérience le démontre. Qu'on compulse les
registres de nos tribunaux ; les adoptions qui
y ont paru jusqu'à ce jour, depuis le Code,
en très-petit nombre, sont toutes en faveur
d'enfans naturels des adoptans; et si la tendresse
paternelle rencontrait dans la réparation d'un
vice, des obstacles devant ces tribunaux, elle
n'en aurait pas moins son cours, et la loi sur
les adoptions, violée dans son esprit et dans sa
lettre, recevrait à peine une fois dans vingt
ans, l'application exclusive à laquelle on serait
parvenu à la réduire.

Dira-t-on encore que l'incapacité des enfans
naturels, relativement à l'adoption, *résulte du
droit commun?* Mais nous n'avions point de
droit commun sur l'adoption. Mais notre droit
intermédiaire qui, relativement aux adoptions,
était notre droit primitif, n'avait point prohibé
les adoptions des enfans naturels; elles ont été
reconnues valables *le 25 germinal,* par le législateur qui a fait le Code civil. Ce législateur a
créé diverses conditions d'incapacité respective ; on ne trouve point dans leur nombre la
prohibition de l'adoption de l'enfant naturel,

pour les adoptions à venir , et l'on veut qu'elle existe !

Où trouve-t-on donc cette incapacité , puisqu'elle n'est pas écrite formellement dans la loi ? M. le procureur-général la trouve dans le résultat de la discussion au Conseil-d'Etat. Voyons avec ce magistrat, cette discussion, ainsi qu'il nous la présente lui-même. Que résulte-t-il de l'analyse qu'il en fait? Transcrivons ses propres paroles : « A la séance du 6 fri-
» maire an 10, la section proposa l'article que
» voici : *Si l'enfant n'a pas de parens connus,*
» *le juge de paix convoquera quatre voisins et*
» *amis, lesquels éliront un tuteur spécial à*
» *l'effet de consentir l'adoption, s'il y a lieu.*

» On craignait que cet article ne favorisât
» l'adoption des bâtards ; alors on discute so-
» lemnellement : les membres les plus distin-
» gués étaient présens, le chef du Gouverne-
» ment, le second consul, le ministre de la jus-
» tice, MM. Tronchet, Portalis, etc.

» MM. Tronchet et Portalis s'élèvent avec
» force contre l'idée qu'on peut adopter son
» enfant naturel reconnu.

» L'article est adopté.

» Mais cet article ne décide rien, puisqu'il
» y est question de nommer un tuteur à l'en-

» fant que l'on veut adopter. On ne raisonna
» au conseil d'Etat sur l'adoption des enfans
» naturels, que parce qu'on craignait que cet
» article, qui est bien loin de consacrer le
» principe d'une pareille adoption, ne la favo-
» risât indirectement.

» Cet article décide d'autant moins, qu'il n'a
» pas reparu dans la rédaction définitive.

» Ceci se passa à la séance du 6 frimaire de
» l'an 10.

» A la séance du 14 du même mois, c'est-à-
» dire huit jours après, M. Berlier, au nom
» de la section, propose un article qui *pro-
» hibe expressément* l'adoption de *l'enfant na -
» turel.*

» Proposer cette prohibition le 14 frimaire,
» n'est-ce pas reconnaître que le 6, il n'avait
» rien été arrêté ? Disons plus, n'est-ce pas re-
» connaître que l'impression qui était restée à
» la séance du 6, était qu'on ne devait point
» permettre cette adoption ?

» Quoi qu'il en soit, quels sont les membres
» que nous voyons figurer à la séance du 14 ?
» Le procès-verbal, tel qu'il est produit par le
» commentateur, ne présente que quatre noms,
» MM. Marmont, Berlier, Emmery, et Re-
» gnault-de-St.-Jean-d'Angely.

» C'est bien ce que nous pouvons appeler
» *une petite séance.*

» Enfin, l'article proposé par M. Berlier est
» rejeté.

» Mais en vérité, peut-on conclure quelque
» chose de ce procès-verbal, auquel on n'a
» voulu donner aucune publicité, de ce procès-
» verbal, conçu en quatre mots, qui semble plu-
» tôt une simple conversation, qu'une véritable
» discussion?

» Non, Messieurs, nous ne connaissons point
» d'intention légale dans le conseil d'Etat sur la
» prétendue posibilité d'adopter son enfant na-
» turel.

» Et si cette intention avait existé, nous ren-
» drions grâce à la Providence de ce qu'elle n'a
» pas été exprimée; nous lui rendrions grâce de
» ce que le corps législatif a adopté une loi pure
» et simple qui se concilie avec tous les prin-
» cipes sur les bâtards, et qui laisse sub ister,
» dans leur entier, les grandes maximes d'ordre
» public et de morale que nous avons expo-
» sées.

» La Cour de cassation n'a jamais eu à pro-
» noncer sur la question, telle qu'elle se pré-
» sente. Les arrêts qu'elle a rendus sur la ma-
» tière, ne sont relatifs qu'aux adoptions qui

» *devaient être jugées d'après la loi transitoire.*

» Serait-ce blesser la majesté de cette en-
» ceinte, que d'appuyer le vœu sacré de la loi,
» de l'opinion de quelques hommes?

» Deux conseillers d'État, MM. Treilhard et
» et Jaubert, m'ont souvent dit : *Soutenez, sou-*
» *tenez cette opinion; elle finira par triompher*
» *dans tous les tribunaux.*

» M. Delvincourt la professe aux écoles de
» Droit. M. Malleville, auteur si recomman-
» dable, sous le double rapport de jurisconsulte
» et d'historien, s'élève avec force contre le sys-
» tème contraire.

» Cette audience serait à jamais mémorable,
» si la Cour pouvait placer, du moins incidem-
» ment ou hypothétiquement, dans ses motifs,
» la déclaration des principes dont elle est ani-
» mée, etc. (*Sirey*, 1816, page 46.) »

Ainsi, à la séance du 6 frimaire an 10, des
membres du conseil d'État, croyant apercevoir
dans le projet *de donner à l'enfant inconnu un*
tuteur spécial, à l'effet de consentir l'adoption qui lui serait conférée, l'intention de permettre l'adoption des enfans naturels, s'élevèrent avec force contre cette capacité. On *discuta*
solemnellement. Quel est le résultat de cette discussion? L'ARTICLE EST ADOPTÉ.

Mais, nous dit-on, que fait à la question que cet article qu'on *discuta solemnellement*, ait été adopté, quoique Messieurs *Tronchet* et *Portalis* se soient *élevés avec force* contre sa teneur, en ce qu'elle semblait permettre *indirectement* l'adoption de l'enfant naturel, *tandis qu'il est bien loin de consacrer une pareille adoption? Cet article le décide d'autant moins, qu'il n'a pas reparu dans la rédaction définitive.*

Je réponds : Des membres du conseil d'Etat ont trouvé, dans cet article, qu'il donnait la faculté de pouvoir adopter son enfant naturel. Pour que cette faculté ne fût pas accordée, ils ont combattu cet article ; nonobstant leur opposition, l'article a été maintenu. Donc le conseil d'Etat, contre l'avis de MM. Portalis et Tronchet, a maintenu un article dont on doit nécessairement conclure que l'adoption de l'enfant naturel est permise.

Pour échapper à la force de cet argument, il faut publier que MM. *Tronchet et Portalis* avaient mal vu, qu'il s'étaient forgé des craintes chimériques, que cet article *était bien loin de consacrer le principe d'une pareille adoption ; qu'il ne décidait rien, puisqu'il est seulement question de nommer un tuteur ;* mais qu'il avait pu faire craindre qu'on ne trouvât dans la suite qu'il *favorisait* l'adoption *indirectement.*

Cependant, quoique cet article *ne décidât rien*, on fait observer, en faveur du système contraire, qu'il n'a pas *reparu dans la rédaction définitive !*

Il est vrai qu'il n'a pas reparu sous les mêmes paroles, mais il a reparu dans le même sens.

Il y a deux sortes d'adoption : adoption du majeur, adoption du mineur. De même que le majeur de vingt-un ans, mais qui en a moins de vingt-cinq, ne peut se marier sans le consentement de ses père et mère, ou du survivant d'entr'eux, l'adopté qui aura nécessairement atteint sa vingt-unième année, pour pouvoir l'être, mais qui n'aura pas encore atteint la vingt-cinquième, s'il a encore ses père et mère , *ou l'un des deux ,* sera tenu de rapporter le consentement donné à l'adoption.

L'article 346 qui veut cette formalité, ne se composait que de la première des deux phrases qu'il renferme, quand il fut présenté au tribunat. Cette phrase portait : « *L'adoption ne pourra,* » *en aucun cas , avoir lieu avant la majorité* » *de l'adopté.* » Le tribunat pensa qu'il serait possible qu'un enfant qui ne pourrait se marier sans le consentement de ses père et mère, employât la voie de l'adoption pour pouvoir éluder l'obligation que la loi lui imposait à cet égard ; qu'il était, d'ailleurs, convenant que l'enfant ne pût pas quitter sa famille, sans le consentement de l'auteur de ses jours.

Mais ce consentement n'est requis alors qu'autant que le fils adoptif a un père et une mère, ou son père ou sa mère ; s'ils sont morts ou inconnus, aurait-il besoin d'un tuteur ? Le législateur ne le dit point, puisqu'il n'ordonne pas que, dans ce dernier cas, il soit agi ainsi que le prescrit l'article 159 du Code (1) au titre du *Mariage.*

Mais, si celui qu'on veut adopter est mineur, et s'il est enfant naturel, *qu'il n'ait pas de parens connus,* comme il n'est pas possible qu'il rapporte un consentement d'un conseil de famille, alors *le consentement des administrateurs de l'hospice où il aura été recueilli,* ou *de la municipalité du lieu de sa résidence,* suffira. (Art. 361.)

Ainsi on a dit vrai quand on a avancé que les mêmes termes dans lesquels était conçu l'article qui est aujourd'hui le 361e. du Code, n'avaient pas été reproduits dans *la rédaction dé-*

_____

(1) Conférences du Conseil d'Etat avec le Tribunat. tom. 3, pag. 347.

finitive ; mais j'ai dit vrai aussi, quand j'ai re-
trouvé le même sens dans cet article. Ce ne seront *point quatre voisins et amis de l'enfant
qui n'a point de parens connus ,* qui, sur la
convocation du juge de paix, *lui éliront un tuteur spécial , à l'effet de consentir l'adoption ,
s'il y a lieu ;* mais ce sera l'administration de
l'hospice où il aura été recueilli, si, en effet,
il avait été mis *dans le tour;* mais s'il n'a pas été
enfant trouvé , s'il a été élevé ailleurs que dans
un hospice, ce sera la municipalité du lieu de
sa résidence qui donnera ce consentement.

Des deux modes, quel est le meilleur, puisque
la volonté du législateur est toujours la même ?
Je ne balance pas à me déclarer pour celui de
la *rédaction définitive ;* car, comment était-il
possible de trouver *quatre amis* à un enfant né
de parens inconnus , quand il est si difficile,
dans nos sociétés, d'en rencontrer un seul dans
la vie ?

Ainsi, le maire est, dans la pensée du législateur, l'ami légal de ces infortunés. Je trouve
moi, que la réflexion a été utile à la *rédaction
définitive ;* mais je ne puis y trouver une omis-
sion, qu'on reconnaîtra sans doute aujourd'hui
n'avoir point été faite.

Il ne m'est donc pas possible de convenir qu'il

n'eût rien été arrêté à la séance du 6, puisqu'en définitif, je retrouve dans la loi, le *tuteur* dont le législateur avait voulu , dans cette séance , pourvoir le bâtard mineur qu'un citoyen français voudrait adopter.

Mais comme M. *Tronchet*, et non M. *Portalis*, ainsi qu'on l'avance, sans doute par erreur, avait trouvé que cet article pouvait favoriser , indirectement , l'adoption de son propre enfant ; que cette adoption était permise , par cela seul qu'elle n'était pas textuellement prohibée ; que des membres influens dans le conseil d'Etat avaient *fortement* manifesté l'intention qu'une telle adoption fût prohibée, *dans la séance du 14 du même mois , c'est-à-dire , huit jours après , M. Berlier, au nom de la section, proposa un article qui prohibait expressément l'adoption de l'enfant naturel.*

Que décida le conseil d'Etat, sur la proposition formelle de prohiber expressément à l'enfant naturel la capacité de pouvoir être adopté par son père ? M. le procureur-général nous l'apprend lui-même ; ENFIN, *l'article proposé par M. Berlier est rejeté.*

Par le rejet qui arriva *enfin* d'un article qui eût prohibé au père la faculté d'adopter son propre enfant, il fut donc alors donné formellement

à l'enfant naturel la *capacité* de pouvoir être
adopté par son propre père. Comme cette
conséquence 'est aussi vraie , que ce qu'il
l'est, que deux et deux font quatre, comment
tente-t-on d'échapper à la force du système que
je soutiens, ou de la vérité de la loi pour le
triomphe de laquelle j'ose ici combattre ? On dit
alors que cette séance ressembla plutôt à une *conversation* qu'à une *discussion*, qu'elle fut *courte*,
que M. *Locré* ne nous donne le nom que de *quatre
conseillers d'État* qui y aient figuré ; qu'on peut
bien alors *l'appeler une petite séance.*

Je supplie M. le procureur-général de vouloir
bien remarquer que M. *Locré*, dans son ouvrage sur l'Esprit du Code, nous rapporte que
MM. *Marmont*, *Emeri* , *Regnault et Berlier*
parlèrent dans cette séance ; mais qu'il ne dit pas
que ces quatre conseillers d'État composaient,
à eux seuls, la séance du conseil, ce qui est bien
différent ; mais en eût-il été ainsi, qu'importent
ces observations à la question ? Quand le plus
fort et le plus puissant de mes contradicteurs
avoue lui-même que la rédaction de l'article qui
donnait un *tuteur* à un bâtard , fit naître des
craintes à des membres du conseil d'État, que cet
article ne fît supposer, en ce bâtard , la capacité
de pouvoir être adopté par son père naturel ;

Que sur ces craintes, MM. *Tronchet et Thibaudeau* manifestèrent le désir que le Code renfermât textuellement l'incapacité, pour le père, de pouvoir adopter son fils, pour le fils naturel, de pouvoir être adopté par son père ;

Que sur ce désir, le rapporteur de la commission proposa un article, qui prohibait au père et à l'enfant la capacité, à l'un d'adopter son fils, à l'autre d'être adopté par son père ;

Qu'enfin, l'article qui renfermait la prohibition textuelle fut rejeté par le conseil d'Etat ;

Que dans sept séances consacrées à la discussion du titre sur l'adoption, toujours il fut question de prohiber à un père l'adoption de son enfant naturel, et que toujours cette prohibition fut rejetée : alors m'est-il permis de n'être pas intimement convaincu que, dans l'esprit du législateur, l'enfant naturel peut être adopté par son propre père !

Si cette question n'avait pas été agitée au conseil d'Etat, en trouvant la loi telle qu'elle est, c'est-à-dire, sans prohibition, nous serions fondés en droit à soutenir que si le législateur N'A PAS PROHIBÉ, c'est qu'il n'a pas voulu le faire. Et quand nous avons sous les yeux la discussion du conseil d'Etat qui a préparé le projet de loi, quand, en comparaison, avec les siècles, cette discussion a eu lieu, il n'y a qu'une minute ; quand elle retentit encore à nos oreilles; quand ce conseil rejette le 14 frimaire an 10, la proposition formelle de déclarer le bâtard incapable d'être adopté par son père, on pourrait avoir déjà oublié son intention? et parce que les procès-verbaux de cette séance n'auraient point été publiés, on rendrait des grâces aux dieux de ce que l'intention du conseil d'Etat , favorable alors aux enfans de la faiblesse humaine et du malheur, n'aurait pas été exprimée! Mais', je le répéterai jusqu'à ce que l'on en convienne, le défaut seul de prohibition consacrerait la faculté qu'on dénie.

Je ferai remarquer, à mon tour, que si le rejet qu'essuya le projet d'article prohibitif à la séance du 14 frimaire an 10, avait été l'ouvrage de la minorité du Conseil d'Etat, M. *Berlier*, qui l'avait proposé, ne se serait point tenu pour battu ; il l'aurait reproduit à la séance du 27 brumaire an 11, à laquelle il présenta le titre de l'adoption, aux séances des 11 et 18 frimaire suivant, qui furent consacrées à la discussion de ce titre. Les procès-verbaux de la discussion qui eut lieu dans ces trois séances, *ont été publiés,* et nous n'y trouvons pas là reproduction de l'article prohibitif : sa chute fut donc telle, qu'il ne lui fut plus permis de se relever.

A ces trois séances assistèrent plus de quatre conseillers d'Etat ; elles étaient présidées par le chef du Gouvernement. MM. Cambacérès, Tronchet, Portalis, Treilhard, y assistèrent : le conseil était suffisamment *garni de Pairs*, et cependant la prohibition ne reparaît pas !

A qui peut nuire principalement l'adoption de l'enfant naturel reconnu ? Aux collatéraux. S'opposer dans ce cas à l'adoption, c'est donc plaider la cause des collatéraux ; car l'enfant naturel reconnu *n'est point héritier* (art. 756). Il y a une reserve pour lui, mais elle est limitée. Adopter son enfant naturel est donc *désespérer* les collatéraux. Le chef du Gouvernement, plaidant au conseil d'Etat pour l'adoption que quelques membres avaient proposé de supprimer pour l'avenir, disait à la séance du 27 brumaire an 11 : « On ne peut donc plus opposer » à l'adoption que le désespoir des collaté- » raux ; cet effet ne sera, sans doute, pas mis » au nombre des inconvéniens : l'intérêt des » collatéraux n'est rien (1). »

A cette même séance M. Treilhard, dont

_____

(1) *Conférences du Conseil d'Etat*, t. 3, p. 314.

cependant on invoque les mânes, dont on se plaît à suivre le conseil, parla d'une manière très-intelligible en faveur de l'adoption des enfans naturels. « *L'inconvénient*, dit-il, *de cou-* » *vrir les avantages qu'un père veut faire à* » *ses enfans naturels, n'a rien de réel;* en effet, » si les enfans sont reconnus, ils ne peuvent être » adoptés; s'ils ne le sont pas, leur origine est » incertaine. Pourquoi d'ailleurs l'au- » teur de leurs jours serait-il privé » de réparer, en quelque manière, le » vice de leur naissance (1) ? »

Dira-t-on qu'on ne soutient autre chose que ce qu'a pensé M. *Treilhard*, c'est-à-dire, qu'on reconnaît qu'on peut adopter son bâtard, alors qu'on ne l'a pas reconnu ? Que cette reconnais-sance, qui n'est l'ouvrage que d'une seule des parties, lie essentiellement l'autre? Mais, com-ment répondre avec cette distinction que la loi n'a pas faite, à la demande que M. Treilhard adresse aux adversaires des enfans naturels ? Pourquoi, d'ailleurs, *l'auteur de leurs jours* serait-il privé de *réparer le vice de leur nais-sance?* Au surplus, M. Treilhard pouvait croire que l'opinion du conseil d'Etat avait été de ne

(1) *Conférences du Conseil d'Etat*, t. 3, p. 314.

permettre

permettre l'adoption qu'en faveur des enfans
naturels non-reconnus. Il n'avait pas assisté aux
séances des 6 et 14 frimaire an 10, puisqu'il ne
fut nommé conseiller d'Etat que dans le courant
de l'an 11 ; il n'avait pas été témoin du rejet de
l'article prohibitif. Mais sa dernière phrase n'est-
elle pas très-significative ? Ne renferme-t-elle pas
l'aveu, qu'il abandonne, au surplus, la distinction avancée par lui dans la phrase précédente ?
Distinction bien digne de cet esprit de subti-
lité, qui enfanta jadis de si gros volumes, et
que les lumières de notre siècle repoussent.

En effet, il faut aller au but. Ou l'on veut,
ou l'on ne veut pas que l'on puisse adopter son
enfant naturel. Puisqu'on croit qu'il est permis
à un père de *réparer le vice* de la naissance de
son enfant, qu'importe que l'enfant, innocent
de la faute de son père, ait été ou non reconnu
par lui ? De quoi s'agit-il ? De réparer un vice.
Si le père, cédant à la voix de la nature et de
la vérité, a déclaré, lors de la naissance de
son enfant, au magistrat chargé de la constater, qu'*Émile* était son fils ; si le refus de ses
parens ne lui a pas permis d'épouser celle qu'il
rendit sensible ; si son amante n'a pu survivre
à la honte d'être mère sans être épouse, l'enfant qu'il ne lui serait plus possible de légi-

timer par un mariage subséquent, ne pourrait pas être adopté par le père ? Cependant, la beauté du jeune *Emile,* les traits de l'auteur de ses jours empreints sur sa figure, la douleur profonde de celui qui avait triomphé de la résistance de son amie, et qui va le conduire dans la tombe de celle qui fut la mère de son fils, titre sacré que l'honnête homme ne saurait effacer de son âme, frappe au cœur de l'ayeul; il est au désespoir de s'être opposé à ce mariage; il consent à ce qu'il adopte son *Émile ;* son *Émile* est son sang, son *Émile* est son fils, et la loi le repousserait! Pourquoi? Parce que l'acte de naissance porte la reconnaissance du père !

Mais *Lovelace* se plonge dans la débauche ; il abandonne les fruits de ses viles amours ; dans sa décrépitude, il reconnaît, par l'effet du hasard, un de ces êtres qui naquit à la suite de ses dernières orgies, et que l'hôpital voisin avait recueilli; il aura le droit de l'adopter, par cela seul qu'il l'avait abandonné, qu'il n'avait pas voulu le reconnaître légalement! Ainsi, par l'effet de la loi, celui qui outragea la nature aurait la faculté de devenir honnête homme, et celui qui le fut toujours, ne pourrait pas continuer de l'être! Telle ne peut pas être la conséquence de ce que dit M. Treilhard, dans la séance du 14 brumaire ; qu'on n'oublie pas les derniers mots de son opinion : *d'ailleurs, le père ne peut être* privé du droit de réparer *le vice de la naissance* de son enfant. Ils excluent, à la fin, une distinction qu'il ne m'est pas permis de trouver soutenable.

Je trouve dans l'*Opinion* de M. *Maleville*, non au conseil d'Etat, car je ne vois pas qu'il y ait parlé le 14 brumaire, mais dans son *Commentaire sur le titre de l'adoption*, ce qui est un peu différent, que, lors de la discussion de ce titre, le motif sur lequel on basait la non-prohibition de l'adoption des enfans naturels, reposant sur ce qu'il devait être permis à l'auteur de leurs jours, de réparer, *en quelque sorte, le vice de leur naissance*, se trouvait en contradiction avec les articles 908 et 911 du Code ; et, s'attachant à ce que veulent ces articles, il pense, quoique l'*enfant naturel* n'ait pas été reconnu légalement, que, s'il est seulement de *notoriété publique que l'enfant présenté à l'adoption est né de celui qui veut l'adopter,* les tribunaux doivent la refuser.

Voilà M. de *Maleville* conséquent avec lui-même, avançant l'opinion que nous avons émise, c'est-à-dire, que si la prohibition existe, elle doit exister, soit que l'enfant ait été reconnu, soit qu'il ne l'ait pas été.

Je demande, à mon tour, à M. de *Maleville*, puisque la recherche de la paternité est formellement prohibée, comment les tribunaux pourraient-ils se croire autorisés à permettre à des collatéraux de la rechercher cette paternité ? S'il est défendu aux tribunaux de voir cette reconnaissance ailleurs que dans un acte légal, comment, quand même, dans leur âme et conscience, les juges auraient acquis la certitude que l'enfant qu'on veut adopter est le fils de l'adoptant, pourraient-ils refuser l'adoption en l'absence de cette reconnaissance écrite, que la loi exigerait pour pouvoir la refuser ?

C'est dans la séance du 14 frimaire qu'il fallait qu'il élevât la voix contre les enfans naturels, comme il l'avait fait quand on proposait de leur donner un tuteur, pour accepter l'adoption en leur nom, dans la séance du 6. C'est au conseil qu'il fallait combattre M. Treilhard, quand dans une des séances subséquentes, il disait, en faveur de la morale et de l'humanité, qu'*il devait être permis à un père de réparer le vice de la naissance de son fils ;* qu'il devait s'élever contre la très-grande majorité. de ses

collègues qui, mus par cette considération, ne
consentirent au maintien de l'adoption qu'en
faveur des pères qui se trouveraient sans enfans
légitimes. Qu'on lise les discussions sur le 8ᵉᵐᵉ
titre, et l'on reconnaîtra cette intention dans
toutes les pages, dans toutes les phrases, à
chaque ligne. Alors le *Commentaire* de M. de
Maleville sera toujours, aux yeux du Jurisconsulte observateur, moins favorable aux collatéraux, que son silence au conseil d'Etat ne
le fut aux enfans naturels dont ils convoitent
la fortune.

Quand le législateur de la France n'a pas
voulu, qu'à l'instar de l'Angleterre, la procé-
dure civile fût soumise à un jury, comment
M. de Maleville prend-il l'initiative ?

Il est vrai que, sur cette matière, le tribunal
prononce sans énoncer de motif, *il y a lieu*
ou *il n'y a pas lieu*. Mais la question que les
juges ont à se faire n'est pas, si l'adoptant est ou
n'est pas le père de celui qu'il veut adopter ;
les questions que les juges ont à poser, sont
celles-ci : « Toutes les conditions voulues par
» la loi ont-elles été remplies ? La personne qui
» se propose d'adopter, jouit-elle d'une bonne
» réputation ? (article 355 du Code.) » Or,
dans les conditions exigées pour pouvoir être

adopté, a-t-on spécifié que l'adopté ne pourrait
jamais être le fils naturel de l'adoptant ? Non.
Donc qu'il peut l'être. Le tribunal d'appel,
sans énoncer de motifs, confirme ou réforme ;
mais, quoiqu'il doive ne pas énoncer les motifs,
toujours est-il vrai qu'il ne doit en admettre
d'autres que ceux énoncés dans l'article 355.

Il est encore vrai que, sous ce rapport, l'arrêt
d'approbation ou de réformation échappe à la
jurisdiction de la Cour de cassation, et alors
l'article 355 du Code n'est pas le meilleur de
l'ouvrage ; car, si l'intention du législateur a
été de rendre une loi uniforme pour tout le
royaume, une jurisprudence légale pour toute
sa surface, l'intention du législateur peut être
manquée.

A *Nîmes*, à *Nanci*, on jugera que les enfans
naturels ne peuvent être adoptés ; à *Aix* et à
Caen, à *Rouen*, à *Grenoble*, on jugera le
contraire : là, on jugera d'après MM. *Maleville* et *Delvincourt*, ici, d'après MM. *Merlin*
et *Locré*.

M. Delvincourt n'est pas le seul professseur
de l'Ecole de Paris. Je connais un de ses collègues, qui, sur cette matière, est d'une opinion contraire à la sienne.

Cet inconvénient ne se présenterait pas, si

l'homme à qui le chef du Gouvernement remet la balance de la justice, ne mettait d'un côté que la loi, de l'autre que les faits de la cause.

La loi ne prohibe pas l'adoption de l'enfant naturel; elle est donc permise?

Mais, dira-t-on, que deviennent alors les articles 762, 908 et 911 du Code?

Ce qu'ils deviennent? Eh! laissez-les dans les titres qui les renferment. L'enfant naturel adopté, après toutes les conditions imposées par le législateur, a purgé le vice de sa naissance; *il a été permis à son père de le réparer;* ils est devenu le fils légitime de l'adoptant: voilà la *fiction* accomplie.

La morale publique lui avait dit : il importe à l'État que ses citoyens se marient. L'État veut qu'ils se marient, pour lui créer des citoyens légitimes. Puisque la nature bizarre n'a point fécondé le champ légal que la société t'avait accordé, et qu'elle a porté à maturité le fruit que tu avais semé dans une terre étrangère, il t'est permis de le cueillir, après bien des épreuves.

Oui, la saine morale s'oppose à ce que la première des institutions sociales, le mariage, soit altérée par l'introduction, au sein de la famille, du fruit de la débauche et de l'adul-

tère. Mais alors que le mariage n'a pas eu lieu,
ou, qu'ayant eu lieu, il a été frappé de stéri-
lité, ou que les rameaux de l'hymen ont vu
leurs fruits desséchés avant leur maturité, la
saine morale ne vient-elle pas, à son tour, au
secours de la tendresse paternelle, et de malheureux enfans qui n'avaient pas demandé de
naître ? Nos mœurs ne s'opposent plus alors à
cette légitimation par adoption, qui pouvait
avoir lieu avant Justinien, et que notre législation permet, puisqu'elle ne la réprouve pas ;
je dis plus, à laquelle nous devrions suppléer si
elle n'était proclamée. D'après nos mœurs,
je le demande, de quel œil verrions-nous un
vieux célibataire, ou un père sans enfans légitimes, qui repousserait de sa porte une fille
infortunée qui lui devrait l'existence ? Les plus
grands admirateurs de *Jean-Jacques* ne lui
pardonnent pas d'avoir mis à l'hospice les fruits
de ses amours.

Oui, le législateur a dit : « Toute dispo-
» sition au profit d'un incapable sera nulle,
» soit qu'on la déguise sous la forme d'un con-
» trat onéreux, soit qu'on la fasse sous le nom
» de personnes interposées.

» Seront réputées personnes interposées, les
» père et mère de la personne incapable (art. 911

» du Code) ; » et de-là on conclut que l'enfant naturel étant incapable, par sa qualité originelle, d'être donataire de la totalité des biens de son père, on éluderait, par la voie de l'adoption, l'effet de cet article. Mais cet article ne dit pas que l'adopté soit demeuré incapable ; au contraire, la loi sur l'adoption, publiée le 2 germinal an 11, avait fixé les droits des enfans adoptifs, quand la loi sur les successions parut le 29 du même mois ; quand celle sur les donations fut publiée le 13 floréal suivant. Ce n'est pas comme fils naturel qu'on aurait droit aux objets donnés, mais comme fils adoptif, devenu, par la *fiction* de la loi, fils légitime. La partie de notre législation civile sur l'adoption, était close, quand le législateur en est venu à celle sur les successions. En renversant l'ordre des choses, on opère *le bouleversement* qu'il avait voulu prévenir.

Je suppose que, par suite de la loi du 12 brumaire an 2, un père, en instance ou non, en séparation de corps depuis dix ans avec sa première épouse, ayant fait divorce avec elle, eût épousé une femme dont il avait eu deux enfans, qu'il eût légitimé ces enfans, qu'il les eût adoptés ; que, décédé sous l'empire du Code, il eût fait un testament par lequel il eût

laissé le tiers de sa succession à son épouse,
mère de ces enfans ; cette femme serait-elle re-
poussée du sanctuaire de la justice, quand elle
voudrait recueillir le legs que son mari lui a
fait ? En supposant pour un instant les deux enfans *incapables*, devra-t-elle être considérée
et traitée comme personne interposée ? On ne
pourra répondre affirmativement. Le divorce a
rompu les liens du premier mariage, de son
époux, elle est femme légitime , et sous cette
qualité elle peut recueillir le legs que lui fait
son mari ; mais cependant, dans le sens des adversaires, voilà une voie indirecte par laquelle
le père de l'enfant adultérin lui transmettrait
plus que les alimens que la loi lui accorde.

. On dira : la tache du concubinage a été effacée par la sainteté du mariage. Je l'avoue ;
mais pourquoi la tache de l'adultère dont l'enfant, quoique fruit, mais innocent, du crime,
se trouvait couvert, ne serait-elle pas aussi
effacée par l'adoption ? La mère, d'abord cou-
pable, trouve son absolution dans le mariage,
et celui dont on n'avait pas demandé le consentement pour le mettre au monde , ne la trou-
verait pas dans son nouveau baptème ?

Ceux qui ont pensé que l'article 911 du Code
serait violé par l'admission de la doctrine que

nous professons, ne mettent pas en question
celle que nous avons examinée. Pourquoi?
Parce qu'ils mettent avant ce qui ne doit venir qu'après, et dérangent ainsi l'ordre que le
législateur avait placé dans son ouvrage.

Toutes les conditions requises pour pouvoir
adopter ou être adopté, sont classées et énu-
mérées dans le titre à ce destiné. Cette partie
de la législation évacuée, le législateur passe
à un autre titre, et ce nouveau titre a sa matière particulière, qui ne se confond plus avec
le titre précédent. Les titres relatifs aux successions *ab intestat*, aux donations entre-vifs
et testamens, règlent ce qui revient aux enfans naturels; mais ces titres ne parlent pas
des *adoptés*, parce que leurs droits ont été
réglés précédemment ; et puisque les enfans
naturels adoptés, ne sont pas compris comme
tels dans les prohibitions voulues par les articles 762 ou 908, il est incontestable alors
que le législateur, par son article 911, n'a pu
disposer contre des individus dont le sort était
réglé au titre des adoptions.

Mais, s'obstine-t-on à dire, puisque le législateur a voulu que *l'enfant naturel ne pût re-*
cevoir rien au-delà de ce qui lui est accordé
au titre des successions, l'adoption ne lui ayant

pas enlevé sa qualité, la lui ayant même de plus fort imprimée s'il était possible, il en résulterait donc que l'adoption serait une voie indirecte, pour qu'il pût recevoir davantage ? Mais observez que l'adoption, aujourd'hui permise à des conditions de rigueur, cesse dès-lors d'être une voie *indirecte*, et que pour la trouver telle, on est obligé de soutenir qu'elle est prohibée ; tout comme une donation entre-vifs, qu'un père qui aurait d'autres enfans vivans, ferait à son bâtard ; et l'on n'observe pas que le titre sur l'adoption était déjà publié et exécutoire, qu'on n'y trouvait aucune prohibition quand la loi sur les successions parut, et que l'article 911 aurait dit, si la pensée du législateur eût été telle que celle qu'on lui suppose, *toute disposition au profit d'un incapable, sera nulle, soit qu'on la déguise sous la forme d'un contrat onéreux, soit qu'*ON LA DÉGUISE SOUS LA FORME D'UNE *ADOPTION, soit qu'on la fasse sous le nom de personnes interposées ;* qu'à la disposition actuelle de l'art. 908, qui défend à l'enfant naturel de recevoir au-delà de ce qui lui est alloué sur la succession paternelle, le législateur aurait ajouté ces mots alors nécessaires, *nonobstant l'adoption qui aurait pu lui être conférée.*

S'il faut chercher l'incapacité de l'enfant naturel à l'adoption, dans le troisième livre du Code, quand le premier détermine les conditions requises pour cette capacité, on conviendra que dans l'intervalle entre la publication du premier et du troisième de ces livres, on eût pu faire les actes préliminaires à l'adoption, sans trouver l'incapacité que ce premier livre n'avait pas établie ; et pour reconnaître ensuite que ces premiers actes étaient nuls, il aurait donc fallu trouver dans la loi postérieure une dérogation formelle, textuelle, à ce qui se trouvait permis au titre particulier à la matière, par cela qu'il n'était pas défendu.

L'adoption a tellement à part sa législation spéciale, dans le titre 8 du Code, que l'adoption *testamehtaire* y est nommément consacrée, et que pour que l'article 908 pût être appliqué à l'enfant naturel adopté, il aurait fallu que cet article spécifiât la prohibition au tuteur officieux de faire un testament dans lequel il adopterait ou instituerait son héritier, ce qui est la même chose, son enfant naturel, ou que l'adoption étant faite par testament, l'enfant naturel ainsi adopté dans cet acte de dernière volonté, fût renvoyé, relativement à ses droits sur la succession de son père, aux termes de l'article 757 du Code.

Au reste, ces observations que le bon sens suggère, avaient été déjà faites en plein conseil d'Etat. Comment peut-on ne pas les avoir apperçues? car ceux qui ne voulaient pas de l'adoption, tentèrent encore de la faire repousser indirectement, lors de la discussion des articles sur les successions relatives aux enfans naturels; et là encore il leur fut repondu que ces articles n'avaient plus rien de commun avec les enfans naturels adoptés; que l'adoption avait fait disparaître le vice de la naissance. Est-il alors une doctrine plus positive sur un point de droit quelconque, que celle que nous professons?

Nous avons démontré, je le crois du moins, autant qu'il est possible de le faire aux personnes qu'un système n'aveugle pas, que les articles du Code, relatifs aux successions, n'ont point ajouté aux conditions requises par la loi spéciale aux adoptions, et qu'on ne peut confondre l'enfant naturel adopté, avec l'enfant naturel que l'auteur de ses jours n'a point voulu, ou n'a pu adopter, à cause des incapacités qu'il ne lui était pas possible de vaincre.

Donc, d'après notre opinion que nous croyons basée sur la loi et sur l'esprit de cette même loi, bien appronfodie, nous ne pouvons y trou-

ver une incapacité qui non seulement n'y est
pas écrite, mais contre laquelle il est avoué
que le conseil d'Etat, qui a discuté la loi, s'est
ouvertement prononcé.

Si nous trouvions en cette disposition législa-
lative, de l'immoralité, nous en provoquerions
la révocation par la voie légale. Le divorce n'a-
t-il pas été aboli par le législateur? Mais si
nous avions l'honneur d'être membre d'une Cour
de justice, nous nous ferions un scrupule de
vouloir que notre opinion particulière fût ex-
plicative d'une loi, au point que, contre la teneur de la Charte, nous nous exposassions à
rendre le pouvoir judiciaire qui aurait con-
fiance en nos lumières et nos vertus, rival et
bientôt vainqueur du pouvoir suprême!

J'avoue qu'il est permis *d'éclairer les cons-
ciences*; qu'il n'est rien de plus doux et de plus
glorieux pour l'homme honnête et savant, que
de signaler à ses confrères une erreur à éviter. Il est si facile à l'homme de se tromper!
Mais si, sur vingt-quatre de mes collègues,
huit persistaient, après que je leur aurais développé mes idées sur le point controversé, dans
une opinion opposée à la mienne, quoique la
majorité se fût rangée à mon avis, je ne regarderais pas le doute comme suffisamment éclairci;

et quand la loi elle-même n'aurait pas textuel-
lement.expliqué que *l'enfant naturel* ne pouvait être adopté, je ne regarderais pas comme
obligatoire, la décision qui serait intervenue
dans une pareille conférence, *après une discussion longue et approfondie, à la majorité de
seize voix contre huit, qu'on ne devait point
permettre l'adoption des enfans naturels.*

La loi qui est rendue à la majorité des voix
par le corps législatif, est obligatoire pour tous
ses membres. Comme citoyen ou sujet, je dois
obéir à la loi même que j'ai combattue avec force
comme député du peuple. Mais, outre que je ne
conçois pas comment on peut légalement, dans
un tribunal, arrêter qu'une chose qui tient au
droit civil, sera ou ne sera pas permise, je pense
que la décision qui serait intervenue, à cet effet,
à la majorité de *seize sur vingt-quatre*, ne saurait être obligatoire pour les huit juges que la
discussion longue et approfondie n'aurait pas
convaincus ; et si ces huit juges composent une
chambre, ou qu'ils soient en majorité dans une
section, ils doivent en conscience, ils peuvent
très-légalement juger en sens inverse de leurs
collègues, le mérite de l'adoption de l'enfant
naturel.

Je ne suis mu, dans cette discussion, par aucun

cun intérêt personnel, par aucune considération particulière. Je ne combats que pour le triomphe des principes. Les conditions auxquelles on peut adopter son enfant naturel, ne me permettent pas de craindre pour le lien, à la fois civil et religieux, du mariage ; je trouve même beaucoup d'obstacles à franchir avant qu'un père puisse parvenir à l'acte par lequel il lui est permis de *réparer le vice* de la naissance de son fils, alors même qu'il n'avait point d'enfans. Quoique élève fidèle de Port-Royal, je n'aperçois rien d'immoral dans l'adoption telle qu'elle nous est permise.

Au barreau, je n'ai jamais voulu plaider, relativement à des causes de divorce, que pour ceux qui étaient défendeurs à la demande, parce que j'avais cru apercevoir dans la discussion qui avait eu lieu à ce sujet au conseil d'État, que l'intention du législateur avait été, en le maintenant, de ne point être en opposition avec la loi constitutionnelle, qui voulait la liberté de conscience, d'où je tirais la conséquence que la *séparation de corps* était le seul divorce que l'intention du législateur avait voulu permettre à la classe la plus nombreuse des Français, et de laquelle se trouvaient ceux contre lesquels j'avais à défendre. Mais si j'avais eu à porter la

I

(130)

parole pour un *protestant*, il ne m'eût point répugné de plaider pour lui, en demande, parce que si elle avait été justifiée en fait, alors je ne résistais pas à l'intention du législateur.

Relativement à l'adoption, je ne puis méconnaître que son intention n'a pas été de la prohiber en faveur de l'enfant naturel ; mais que son intention a été, au contraire, de la permettre ; et si M. Treilhard pouvait encore me dire : *Soutenez, soutenez* que l'enfant naturel ne peut être adopté ; *cette opinion finira par triompher dans tous les tribunaux*, je lui dirais : « Il ne m'est pas possible d'oublier que dans la séance du conseil d'Etat du 27 brumaire de l'an 11, vous avez soutenu qu'il ne serait pas juste d'empêcher le père de *réparer, par l'adoption, le vice de la naissance de son fils*. Ce n'est pas par les tribunaux qu'il faut que cette opinion triomphe ; si vous recédez aujourd'hui de ce que vous avez voulu en l'an 11, si vous ne voulez plus aujourd'hui que le père puisse *réparer le vice* qu'il imprima à son enfant, présentez une humble adresse au Roi, à qui la Charte a donné l'initiative, quand il s'agit de faire la loi, de la restreindre ou de la révoquer. Demandez-lui, sinon la révocation du titre 8 du Code civil, du moins un article additionnel qui prohibe l'adoption de l'enfant naturel. »

Il ne peut y avoir d'exception à une loi générale, que celle qu'elle prévoit et qu'elle exprime ; faire une exception à cette loi, c'est la
violer. Toute exception doit être fondée sur un
texte. Voilà des principes qu'il n'est pas permis
de méconnaître, et de ne pas appliquer à cette
question. Nous avons une loi générale sur l'a-
doption, elle ne prévoit ni n'exprime l'incapacité de l'enfant naturel ; il est constant, en fait,
qu'on a refusé dans le conseil d'Etat de la prononcer, qu'on a rejeté l'article qui eût déclaré
les enfans naturels incapables d'être adoptés ;
les excepter du bénéfice de cette loi, c'est donc
la violer ouvertement contre eux ?

Quelle est donc la cause qui, de nos jours,
porte certains personnages à s'élever contre
cette institution ? Est-ce parce qu'elle a été
inconnue pendant douze siècles de nos ancêtres ? qu'elle aurait été introduite par la révolution ? Mais un motif pareil ne saurait être
avoué. Proclamée par les révolutionnaires, les
conditions, pour pouvoir en user, ont été déterminées par des hommes froids et sages, dont
on s'honore d'avoir partagé les principes. Si
la sagesse consiste dans la tension à la monarchie, le conseil d'Etat, qui discuta le projet
de cette loi, n'était certainement pas composé

d'hommes qui voulussent revenir à des idées
dont l'application leur avait paru impossible!
Aussi voyons-nous MM. Tronchet et Thibaudeau, voter ensemble contre l'adoption, et
MM. Portalis et Réal, réunis, discuter en sens
inverse. Ce motif ne pouvant être alloué, ajou-
tera-t-on que l'adoption favorisant le célibataire, il importe à la patrie que ses citoyens ne
s'isolent pas du mariage? M. Berlier a répondu
d'une manière victorieuse à cette objection, qui
n'a pas même le mérite d'être spécieuse. Mais,
dans les siècles ou l'adoption n'était pas connue
en France, certes, les célibataires étaient, par
l'organisation sociale, bien plus nombreux
qu'ils ne le seront désormais, puisque des trois
ordres de l'Etat, le plus puissant n'avait d'in-
fluence qu'à l'aide d'un célibat forcé. Ainsi,
par amour pour la patrie, on devrait voir, avec
plaisir, les moyens d'augmenter, soit en fait,
soit fictivement, le nombre de ses citoyens;
car, par l'adoption, des enfans innocens du
vice de leur naissance, reprennent un nom
connu dans la société, et deviennent citoyens,
d'obscurs, de dangereux prolétaires qu'ils
eussent été.

Telle qu'elle a été modifiée par les conditions
qui l'entourent, l'adoption n'a donc rien de

révolutionnaire; elle est alors puisée, en partie, dans cette raison écrite, qui existait avant Justinien, et en harmonie avec les mœurs françaises, qui ne permettraient pas à un père de vendre son fils au poids de l'or, et de donner à ce prix, à un autre, le droit de mettre à mort, de sa propre autorité, et par sa seule volonté, l'enfant auquel il aurait donné l'être. Les mœurs françaises repoussent cet excès de la puissance paternelle, comme une barbarie; un infanticide est, à nos yeux, le plus hideux des monstres. Les mœurs françaises, en fait de paternité, ou la douceur et la tendresse, c'est la même chose. L'homme qui n'a pas d'enfans légitimes, et qui repousserait son propre sang, pour lui préférer un collatéral, outragerait, à-la-fois, et nos mœurs et la nature.

Quand l'adoption est consommée à l'égard d'un enfant naturel, il doit nécessairement y avoir une différence entre l'enfant naturel adopté, et l'enfant naturel que le père n'a point voulu adopter.

Nous avons répondu à toutes les objections que les auteurs du système contraire ont présentées sur cette question.

Nous avons respecté le caractère des magistrats que nous avons eu à réfuter, et notre modération dans la défense a été d'autant plus facile, que nous avons voué l'estime la plus profonde au plus éminent d'entre eux, alors qu'il n'etait encore que simple citoyen.

Comme nous n'avons émis, dans cette discussion, que des principes incontestables, il ne nous paraît pas qu'il soit possible qu'on persiste à croire que nous sommes dans l'erreur; mais s'il en était ainsi, nos adversaires, quels qu'ils soient, pourraient-ils nous faire un crime d'avoir cédé au cri de notre conscience ?

Qu'ils sondent la leur ; qu'ils veuillent bien relire, sans prévention, les discussions du conseil d'Etat sur cette matière, et la difficulté qu'ils ont élevée, cessera d'être une difficulté.

FIN.

FAUTES A CORRIGER.

Page 23, ligne 7, *d'après l'article* 440, lisez : d'après l'article 340.

Page 41, ligne 1re., *quel amalgame incohérent*, lisez : quel assemblage incohérent.

––––––––––

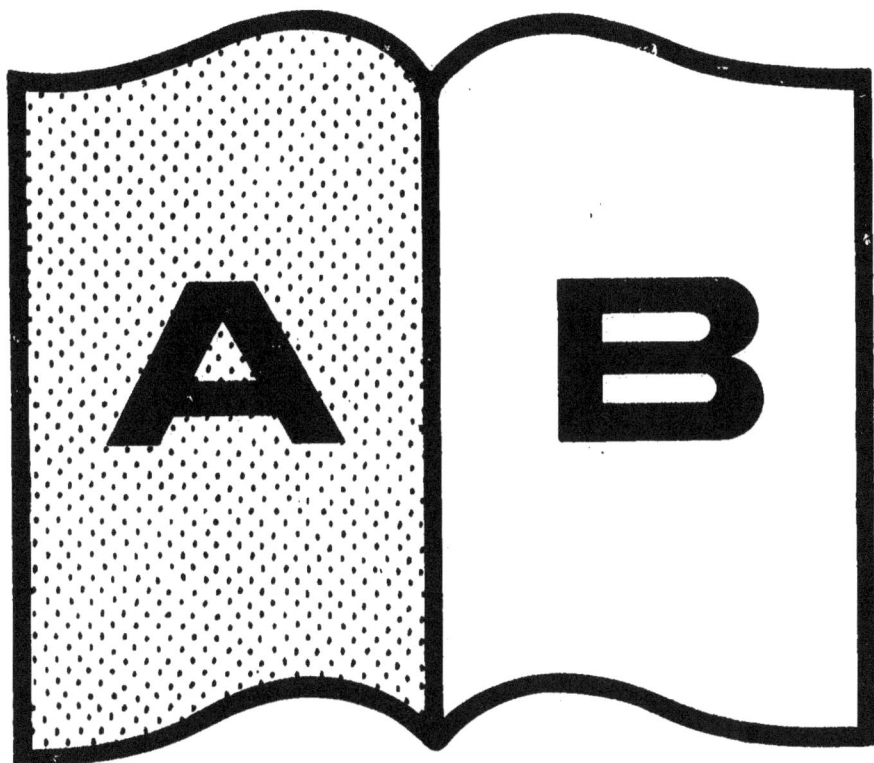

Contraste insuffisant

NF Z 43-120-14

www.ingramcontent.com/pod-product-compliance
Lightning Source LLC
Chambersburg PA
CBHW062016200326
41519CB00017B/4814